Massenkommunikation
im Magischen Dreieck

Tilman Steiner

Massenkommunikation im Magischen Dreieck

Analyse aus der Fernsehpraxis

 Springer VS

Tilman Steiner
München, Deutschland

ISBN 978-3-531-19744-9   ISBN 978-3-531-19745-6 (eBook)
DOI 10.1007/978-3-531-19745-6

Die Deutsche Nationalbibliothek verzeichnet diese Publikation in der Deutschen National-
bibliografie; detaillierte bibliografische Daten sind im Internet über http://dnb.d-nb.de
abrufbar.

Springer VS
© VS Verlag für Sozialwissenschaften | Springer Fachmedien Wiesbaden 2012

Einbandentwurf: KünkelLopka GmbH, Heidelberg

Gedruckt auf säurefreiem und chlorfrei gebleichtem Papier

Springer VS ist eine Marke von Springer DE. Springer DE ist Teil der Fachverlagsgruppe
Springer Science+Business Media
www.springer-vs.de

Rückkopplungen: Die Theorie und ein Journalistenleben im TV

Zwischen der journalistischen Praxis und der Kommunikations-wissenschaft klafft eine Lücke. Praxis wie Theorie wird den jeweiligen Medien und Darstellungsformen einerseits oder den „Schulen" andererseits entsprechend gelehrt und gelernt. Auch die Literatur widerspiegelt diese Dualität. So will diese bündige Schrift weder ein Lehrbuch der journalistischen Praxis, noch ein solches der Kommunikationswissenschaft ersetzen, allerdings zwischen beiden „Kulturen" eine notwendige Brücke schlagen.

Die vorliegende Abhandlung ist ein Ergebnis meiner lebenslangen Verschränkung von praktischem Journalismus und kommunikationswissenschaftlicher Theorie – ein Blick zurück nach vorn.

Diese doppelte Zielrichtung könnte auch deshalb hilfreich sein, weil die Einführung von Studiengängen nach dem Bolognasystem durch Modulbildung die Ausbildung straffte, die Effizienz steigerte, jedoch als deren Preis das Blickfeld verengte und dabei den Spalt zwischen Theorie und Praxis in unserem fachlichen Revier vertiefte. Dass gegenüber dem freieren Magisterstudium zudem ein Nebenfach zugunsten von stärkerer Spezialisierung entfiel, diese Einschränkung universitärer Grundlagen spürt der Journalismus stärker als andere Berufsfelder.

Die Zeit der Lehre hat meinen Hauptberuf als Fernsehjournalist begleitet und war auch mir kontinuierlich Lehrzeit mit dem gefühlten Auftrag der Reflexion von Theorie und Realität.

So haben sich Medienpraxis und Vermittlung von Medien-
arbeit wechselseitig viel gegeben, wie auch meine Studienfächer
unterschiedlicher Fakultäten mit verschiedenen Denkansätzen
und Fachkulturen wechselnde Blickrichtungen auf unseren
zentralen Gegenstand ermöglichten. Dem Versuch der Systematisierung, der logischen Zuordnung bei der Reduktion des
vielfältigen Geschehens der Massenkommunikation mit seinen
dynamischen Wechselwirkungen konnte ich mich dabei nicht
entziehen. In dieser Abhandlung greife ich in einzelnen Ab-
schnitten auf einige meiner Aufsätze und Vorträge insoweit zurück, als sie deren Kernaussage stützen, etwa bei den Themen
von Qualität und Quote, doch wird hier erstmals das Modell
des in meiner Lehre eingesetzten Magischen Dreiecks vorge-
stellt, in dem sich die vielfältigen Erfahrungen und Erkenntnisse sinnvoll wie von selbst bündeln.

Dankbar bin ich besonders für die Zeit als Wissenschaftsjour-
nalist auch wegen vieler Begegnungen, von denen persönliche
Eindrücke hier einfließen. Sie lehrten mich Aufmerksamkeit
gegenüber dem Wissbaren und Demut gegenüber den absolu-
ten Erkenntnisgrenzen, hinter denen doch vieles möglich ist,
aber vielleicht für unseren physiologisch limitierten Verstand
ungreifbar bleibt. Was können wir wirklich wissen und was
ahnen?
    Sinnfragen lassen sich bei der menschlichen Kommunika-
tion nicht ganz aussparen. Im Dualen System der Rundfunk-
landschaft könnte ein öffentlich-rechtliches „Woher kommen
wir? Wohin gehen wir?" einem kommerziellen „Ist das weit?
Muss ich da mit?" gegenüberstehen.
    Jenseits solch kabarettistischer Pointierung stellt sich statt
eines „Wohin gehen wir?" für Thesen zum Journalismus eher
die Standortfrage „Wo *stehen* wir?". Die plakative Antwort: Wir
stehen auf der Exponentialkurve menschlichen Lebens an der
Stelle, an dem der relativ flache untere Teil in die Krümmung
steil nach oben übergeht. Unsere Generation steht am span-
nendsten Punkt: im Rückspiegel die Erfindung von Drucker-

presse, Telefon, Radio und Fernsehen und mit und vor uns die Dematerialisierung durch die Digitalisierung und mit diesen menschliche Kommunikation und Lebensweise vor einem völlig neuen Evolutionsschritt.

Entstehende Unsicherheiten zwingen umso mehr, das Erfahrbare durch ein „divide et impera" zu analysieren und in einer Zusammenschau zur Erforschung handhabbar machen.

Das „Magische Dreieck" ist ein Beitrag dazu, indem es Komplexes in Systematik und Funktionalität der Massenkommunikation zu erfassen versucht. So versteht sich „Massenkommunikation im Magischen Dreieck" als Erfahrungsbericht und als Denkanstoß für die Wissenschaft wie auch für Träger von Verantwortung; gleichzeitig will diese Problematisierung im Überblick eine Einführung und Sensibilisierung für junge Journalisten leisten.

München, im Juni 2012

Tilman Steiner

Inhalt

I. Kommunikation
als System in Bewegung

1 Das Eröffnungsspiel

Ein kleines Assoziationenspiel soll uns in die komplexe Welt der Massenkommunikation und der Theorien über sie führen. Die Kommunikationswissenschaft, die ohnehin als relativ junge akademische Disziplin weit zurückreichende Wurzeln hat, wie wir sehen werden, ringt um Methoden zur Reduzierung der Komplexität dieses wabernden Organismus, damit an den Stoff die wichtigen Fragen am je richtigen Punkt ansetzen können. Teilweise eingeflochten darf Ihnen der Autor Ereignisse berichten, die seine Praxis als Fernsehjournalist und als Journalistenausbilder geprägt, beglückt, jedenfalls bewegt haben, soweit an diesen Beispielen Grundsätzliches aufgezeigt oder belegt werden kann.

Wenn man sich als Konsument, nicht als Wissenschaftler, aufmerksam fragt und in sich hineinhört, was Fernsehen eigentlich ist, dann purzeln ganz spontan Assoziationen durcheinander wie Spannung, Langeweile, Zeitvernichtung, Live, Spielfilm, Reportage, Nachrichten, Sex, Trash, Musikantenstadl, Talkshow, Werbung, Unterhaltung, Bildung, Information, Service ...

Bitte assoziieren Sie!

So jedenfalls kam es aus Studentengruppen herausgesprudelt, wenn sie um Assoziationen aus dem Augenblick heraus gefragt wurden. Und auch die weiteren zwanzig oder dreißig Zurufe bezogen sich fast alle auf das *Programm,* seine Darstellungsformen, Funktionen, inhaltliche Qualität, Wirkungen, also die Aktiv- und die Passivseite des Programms.

Bei etwas längerem Nachdenken landet man gewissermaßen mit einem Gedankensprung bei der *Technik* mit ihren Bedingungen, der Kamera, dem Licht, bei Farbe und 3D, Film

oder Magnetband, digitalem Speicher, der Verbreitung durch
Antenne, Kabel, Satellit und bei technischen Normen.

Und dann denkt man auch an die *Organisation* mit Autoren und Redaktionen, also an die Kommunikatoren, an Gebühren, PayTV, Werbeeinnahmen, Staatsverträge, Duales System,
öffentlich-rechtlichen Rundfunk, Binnenpluralismus, ... insgesamt also an die Strukturen, an Politik, Recht und Wirtschaft.

2 Rückkopplung und Wechselwirkung

„Fernsehen" beschreibt also insgesamt den weiten Bogen vom Veranstalten, dem journalistischen Machen und dem technischen Realisieren und Verbreiten hinein ins Publikum, das in der berühmt-berüchtigten Quote darauf reagiert. Berüchtigt, weil es die Wirkung der (erwarteten) Quote auf die Qualität unbestreitbar gibt, ja die Quote kann im Wettbewerb eine Spirale der Qualität nach unten in Gang setzen. Die Quote steht sowohl für Reputation als auch für Eitelkeit im Wettstreit der Programme und ist Kostenmaßstab für Werbung und wirtschaftlichen Erfolg. Sie ist eine wesentliche Variable der Rückkopplung der Öffentlichkeit auf das Programm, aber auch auf Technik und Organisation des Kommunikationsmediums. (Vgl. unten II.6 und 7)

Rückkopplung als Begriff kommt aus der Technik und bezieht sich klassischerweise auf den Fliehkraftregler der Dampfmaschine: Bei Hitze im Kessel baut sich Druck auf, der weiter ansteigen würde, wenn der zum Antrieb nicht benötigte, überschießende Dampfdruck nicht durch ein Ventil abgebaut würde. So ist der Kessel vor Überdruck geschützt. Dieses Dampfablassen geschieht in Rückkopplung selbsttätig durch den Fliehkraftregler an einer rotierenden Achse. Überschreitet die Drehzahl eine festgelegte Geschwindigkeit, weil der Druck zu hoch wird, hat sich der an der Achse beweglich hängende Ventilhebel durch die Fliehkraft so weit angehoben, dass er das Ventil öffnet; beim folgenden Abfall der Rotationsgeschwindigkeit schließt sich das Ventil wieder durch das Absinken des Reglers. Der benötigte Kesseldruck bleibt also aufgrund dieser Wechselwirkung einigermaßen konstant.

Der alte Fliehkraftregler als Vorstellungsmodell

Mit dem Fliehkraftregler als Metapher hat schon früh die Sozialwissenschaft soziale Rückkopplungen und Wechselwirkungen veranschaulicht.

Wie nun diese drei Kristallisationszentren von Programm, Technik und Organisation untereinander in Beziehung treten, sich bedingend wechselwirken und die Massenkommunikation auf diese Weise beherrschend steuern, sei jetzt aufgezeigt.

Deren **Wechselspiel stellt sich als komplexes kybernetisches Modell dar.**

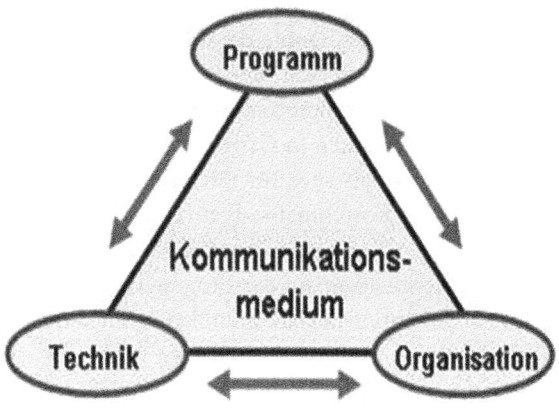

Abbildung 1   Das Magische Dreieck: Modell des Kommunikationsmediums

Deshalb nennt der Autor, wie stets während seiner Lehrzeit – Lehrzeit, ein schön doppeldeutiges Wort, Aktiv und Passiv einbeziehend und damit auch ein zutreffender Begriff – diese wechselwirkende Konstellation von Technik, Organisation und Programm (TOP), von also technischem Mittel der Verbreitung, von eine Organisationsstruktur hervorbringender Absicht der Veröffentlichung und von Wirkungen auslösender Programmbotschaft **das Magische Dreieck der Kommunikation.**

Bei dessen Betrachtung werden wir feststellen, dass es sich hier nicht um ein Ursache-Wirkungsmodell oder Reiz-Reaktionsmo-

dell handelt, sondern dass von jedem der drei Kristallisationszen-
tren des Mediums im einzelnen mehr oder weniger starke Impulse
ausgehen, die diese Schwingungsfigur anregen.

3   Das Medium

Medium – das war bis ins vorletzte Jahrhundert im allgemeinen Sprachgebrauch als Bezeichnung dem Okkultismus vorbehalten, galt für Spiritisten, für Mittler zwischen der physischen und einer außerphysischen Welt. Nicht ganz unähnlich
sind Massenmedien die Mittler zwischen Welt und Gegenwelt
in den Köpfen und gestalten damit wiederum die Welt.

In der Ökologie spricht man heute von den Medien der Luft
oder des Wassers, weil diese physikalischen Erscheinungen
Mittler und Gestalter des Lebens sind. Sie umschließen und er-
möglichen Leben.

Wir Menschen bewegen uns nicht nur in und mit diesen
physischen Elementen, sondern genauso auch in und mit der
uns umschließenden und gleichzeitig Raum gebenden Infor-
mationswelt der Medien, die überall vom aufzuspürenden Magischen Dreieck beherrscht wird. Das gilt für die *Massenkommunikation* ebenso wie für die *Individualkommunikation,* sei
diese durch direkten Sprechkontakt, ob zugeflüstert oder ge-
sungen oder im Hörsaal vernommen, durch Telefon, Brief oder
Mail geführt. Dabei erschließt jeder physikalisch-technische
Transportweg einen entsprechenden Kreis von Adressaten, also
seinen Ausschnitt einer Öffentlichkeit. Als Mittler zwischen
Massen- oder Individual-Kommunikationsformen erweist sich
nun das Internet. Hier ist der Blick auf die Massenkommunikation, insbesondere das Fernsehen, gerichtet. Die unterschiedlichen Transportwege oder Kanäle der Medien sind aufgrund
ihrer physischen Natur alle der Technik zuzuordnen.

Dementsprechend wird allgemein das Medium als Massenmedium so definiert:

*„Ein Medium ist ein institutionalisiertes System um einen or-
ganisierten Kommunikationskanal von spezifischem Leistungsvermögen mit gesellschaftlicher Dominanz."* (so W. Faulstich
in seiner zweibändigen „Mediengeschichte", Göttingen, 2006).
Zur „gesellschaftlichen Dominanz" bedarf es natürlich des Programms, das wir dieser Definition noch hinzufügen würden,
da sich das „spezifische Leistungsvermögen" wohl eher auf den
Kanal, also die Technik, bezieht als auf das institutionalisierte
System, unsere Organisation. Auch könnte die „gesellschaftliche Dominanz" zur „Relevanz" relativiert werden.

Der Kommuni-
kator als Haupt-
figur?

Der *Kommunikator,* vermeintlich die Hauptfigur der Kommunikation, in unserer Betrachtung der Journalist, erweist sich
als wesentlicher Faktor einer Organisationsform, gleichgültig,
ob er nur ausführend oder eher selbstbestimmt auf den öffentlichen Kommunikationsprozess einwirkt. Vom Nachrichten-
sprecher über den Talkmaster, der Thema und Gäste von der
(Chef-)Redaktion vermittelt bekommt, bis zum Kommentator,
in einer Konferenz benannt – *der* Kommunikator ist in einer
Rundfunkanstalt genauso wie der Leitartikler im Tendenzbe-
trieb der Zeitung lediglich integraler Bestandteil der Organisation des Mediums.

So ist das Ergebnis dieser Überlegungen:
*In einem Massenmedium wirkt eine auf öffentliche Kommu-
nikation angelegte Organisation mittels eines spezifischen technischen Kanals durch ihr Programm mit öffentlicher Relevanz.*

Drei Variablen konstituieren also die Massenkommunikation:
*erstens die Kommunikatoren, eingebunden in eine von recht-
lichen und ökonomischen Bedingungen geprägte Organisation,
zweitens die Technik der Vermittlung
und drittens das durch beide mit öffentlicher Relevanz hervorgebrachte Programm als Botschaft und als Ware.*

Jede Variierung einer dieser drei Positionen wirkt sich auf die
anderen in dieser Trias mit entsprechenden gesellschaftlichen

Konsequenzen aus, so dass diese komplexe Konstellation mit ihren Rückkopplungseffekten als System des Magischen Dreiecks der Massenkommunikation bezeichnet wird.

Dabei erweist sich das Magische Dreieck als Modell, und zwar als Rahmenmodell, ähnlich wie sich im großen physikalischen Zusammenhang die Quantenmechanik methodisch als Rahmenmodell versteht, mit dem alle aktuellen Theorien der Physik vereinbar sein sollen. Ein Rahmenmodell hat deshalb auch etwas Forderndes. Es fordert die Preisgabe des Determinismus und erlaubt als Suprasystem „die Berechnung von Wahrscheinlichkeiten, dies allerdings als vollkommen zutreffend ... bis ins einzelne Experiment ebenso wie in der einzelnen Theorie" (Murray Gell-Mann: Das Quark und der Jaguar, München-Zürich 1994, S. 31 f. Gell-Manns Verdienst ist der Versuch, das Kleinste, Einfachste, das von ihm mit entdeckte Quark, mit dem Kompliziertesten zu verbinden, und vom Rahmenmodell unter Beobachtung interdisziplinärer Zusammenhänge zur individuellen Aussage zu kommen.)

Das Magische Dreieck sei natürlich nur hinsichtlich der methodischen Betrachtung mit der Quantenmechanik verglichen. Es lädt dazu ein, dass jeder Forscher, jeder Medienschaffende seine Erkenntnisse in dieses System einbringt, um die Folgen zu beobachten, die Wahrscheinlichkeiten zu ermitteln. Insofern ist das Modell offen im Sinn von ausfüllungsfähig und stets auch ausfüllungsbedürftig. (Vgl. auch unten bei II. 8)

4   Wege zum Magischen Dreieck

Für das Wirken des Magischen Dreiecks in unserer Medien-
welt stehen hier zwei Beispiele, eines aus der *Froschperspektive
des Journalisten* und eines aus der *Vogelperspektive des Systems:*

4.1

St. Gallen:
Die weite, hohe Barockbibliothek im romanisch-gotischen Be-
nediktinerkloster. Am Boden legt ein Schweizer Kamerateam
für den deutschen Autor eines Wissenschaftsbeitrags Schie-
nen, damit der Kamerawagen sanft durch die beschnitzten
Regale mit den Folianten gleiten kann. Der Autor kontrolliert
die Totale auf dem kleinen Monitor. Er sieht die schwingende
Empore mit den kleinen geschwungenen Fenstern dahinter,
die Quelle der schräg einfallenden Sonnenlichtbahnen – dort
nicht. Da bittet er ums Weitwinkelobjektiv. Die trockene Antwort: „Das koschtet aber 200 Fränkli ekschtra!" Überrascht,
weil das bei freien Teams in Deutschland zur gemieteten Stan-
dardausrüstung gehört, erfährt er, dass das in der Schwiez eben
anders ischt. In seiner Eigenschaft als der Redakteur des Maga-
zins mit festem Jahresetat hat er zu überlegen, ob sich noch mal
200 Franken für die 20 Sekunden rechtfertigen lassen.
    Dann unterschreibt er für seinen Sender auch diesen Pos-
ten, weil er nur so das Motiv für stimmig hält, und der sonstige
Aufwand sich zu wenig rechnen würde.

Ergebnis für unseren Zusammenhang: Für ein bestimmtes *Programm,* hier das Motiv, braucht es eine bestimmte *Technik,* das

Weitwinkelobjektiv, die einen bestimmten Betrag innerhalb
der *Organisation* kostet, hier des Redaktionsetats, der wieder
Auswirkungen auf künftigen Mitteleinsatz und damit auf Programme hat. Es geht auch anders herum: Mit Geld – eine Technik – fürs Programm. Was kann der Kommunikator also mit
erhöhtem Mitteleinsatz für Technik programmlich bewirken?
Oder: Die Technik des Objektivs erlaubt, über ein erweitertes
Bild nachzudenken, das allerdings kostet. Und: Wer den weiten
Blick will, braucht Geld für die Technik.

Ganz selbstverständlich kommen die Impulse also von allen
drei Ecken.

Quod erat demonstrandum.

4.2

Die Vogel-
perspektive

Jetzt nach der Froschperspektive des Autors die Vogelperspektive auf die *Fernsehlandschaft*:

Nach Abnahme der Dokumentation „Vom Weißen Haus zum Haus-
frauenstrip mit Kabel oder Satellit – Die Zukunft des Fernsehens"
1980 durch den Fernsehdirektor einer Rundfunkanstalt per Hauslei-
tung ruft dieser den Autor der Sendung und dieser Abhandlung an
und fragt: „Herr Kollege, wie können Sie da behaupten, dass alle Dritten Programme überall zu sehen sein werden?" Und er fragt noch vieles mehr, um am Ende zu sagen: „Na, dann lassen wir das so laufen."

1981/82 beginnt sich in Deutschland abzuzeichnen, dass es
neben der terrestrischen Antennenausstrahlung für Hörfunk
und Fernsehen auch Kabel und Satellit als Verbreitungstech-
niken geben wird. Kabelverbreitung war in den USA schon im
Einsatz. Der Druck *auf* die Politik und auch *von* der Politik wird
groß, neue Fernsehkanäle zur bundesweiten Verteilung der
vorhandenen Programme und auch mit neuen Sendungsveran-
staltern zu etablieren. Die Unionsparteien wollten politisch die
„Entautorisierung" des öffentlich-rechtlichen Fernsehens, wie

sie das formulieren, weil sie es für zu linkslastig hielten und sich
neue Informationsimpulse erhofften. Die SPD will die Privati-
sierung offiziell ausbremsen, verkabelt aber die Republik durch
ihren Poststaatssekretär. So genannte Kabelpilotversuche, obwohl es fast überall auf der Welt schon Ergebnisse gibt, bereiten
den Boden für die Einführung des Kommerzfernsehens. 1984
ist das Duale System geboren und mit ihm eine völlig neue
Kommunikationslandschaft des Fernsehens entstanden.

Ergebnis: Eine neue *Technik* der Verbreitung macht eine Vielzahl von *Programmen* möglich, für die sich eine neue *Organisation* von Anbietern etabliert. Eine medienrechtliche Umwäl-
zung im Land findet statt.

Es geht auch anders herum: Die Begehrlichkeiten der potentiellen Veranstalter *(Organisation)* forcieren die *technische*
Innovation politisch, um über neue *Programme* Werbeerlöse
zu erwirtschaften. Und: Neue Verteiltechniken erlauben neuen
Veranstaltern Einnahmen durch Programme als Rahmen für
Werbung. Neue Organisationen schaffen mit ihren Kommunikatoren massenattraktive Programme mittels Kabel- und Satel-
litenverbreitung.

Diese wiederum so selbstverständliche wechselseitige Be-
trachtungsmöglichkeit verdeutlicht die Impulsvorstellung, die
oben bei I.2. einem Ursache-Wirkungs-Schema gegenüberge-
stellt wurde.

Quod erat demonstrandum.

4.3

Der Evolutionsschritt in die Digitalisierung des Kommunizie-
rens und Arbeitens bedeutet eine Dematerialisierung und mit
ihr eine bislang unvorstellbare Beschleunigung des Rezipierens
und Reagierens. Die Minutenentscheidungen im Mailverkehr
und die oft computerbasierten Sekunden-Entscheidungen steigern die Effizienz und bergen doch in sich eine Unsicherheit,

Die digitale
Perspektive

die Gefahr der Automatisierung des Handelns und gar des
Denkens.

Die Kommunikation durch Internetmedien überwindet
Raum und Zeit – in größeren Rechnern wie Kleinstcomputern
in der Sakkotasche.

Relativierung der Zeit Indem diese Kommunikation die Zeit relativiert, ist sie einerseits aktueller als die Berichterstattung durch die etablier-
ten traditionellen Medien, andererseits hebt sie in ihrer zeitlichen Verfügbarkeit, ihrer „Disponibilität", die Linearität des
Programms von Hörfunk und Fernsehen auf. „Disponibilität"
nannte Fritz Eberhard 1962 in seiner Berliner Publizistik-Vor-
lesung an der FU als Merkmal und Vorzug der Zeitung gegenüber Radio und Fernsehen – neben den vier Merkmalen, die
Otto Groth beschreibt (vgl. bei II. 6.2.). Nun ist die Disponibilität durch Digitalisierung sogar auf dem Weg, Akzeptanz
und Einfluss der bisher als elektronische Medien bezeichneten
Programmanbieter Hörfunk und Fernsehen zur Disposition zu
stellen.

Relativierung des Raums Indem diese digitale Kommunikation den Raum überwindet, übertreffen die digitalen Kinder oft die Reichweite ihrer
traditionellen publizistischen Eltern. Solche Digitalisierung
setzt zunächst dem Vertrieb der Printmedien zu, was zuerst
Kioskbesitzer und Verteiler spüren. Aber dann ist auch für den
journalistischen Nachwuchs die Ausdünnung der Redaktionen
herkömmlicher Medien ein Problem (z. B. hundert Redakteurs-
stellen bei der SZ in acht Jahren nach Auskunft des ehemaligen
Chefredakteurs Kilz). Und schließlich merken es auch die Leser,
Hörer und Zuschauer, dass immer weniger Leute immer mehr
Inhalte abdecken müssen, und dass Recherche und Durchdringung Platz machen für Oberflächlichkeit und „schlagende Zeilen". Andererseits scheint sich eine neue Zeitschriftenkultur in
Nischenbereichen zu entwickeln.

Massenkommunikation im Magischen Dreieck: Die Technik
wirkt so intensiv auf das Programmangebot der Medien ein,
dass die Medienorganisation strukturell reagieren muss. Die

Umorganisation (O) hin zur Bimedialität im Print und zur Tri-medialität der Sender hat mithilfe der Aufzeichnungs- und Verbreitungstechnik (T) ein verändertes Programmangebot und mit diesem auch die Zielgruppe der digitalen User im Visier (P).

Organisation: Dies wiederum ruft auf übergeordneter Ebene den Gesetzgeber auf den Plan, um den Verlegern und Veranstaltern von Hörfunk- und TV-Programmen wirtschaftlich Marktchancen, also Auskommen durch Einkommen zu sichern und dadurch Meinungspluralismus für die Demokratie zu erhalten (P) und gleichzeitig den öffentlich-rechtlichen Rundfunkanstalten die Bestands- und Entwicklungsgarantie (O) wegen deren Programmauftrag zu gewährleisten (vgl. hierzu II. 5., insbes. 5.6.2.).

All diese Beobachtungen und Vorüberlegungen veranlassen den Autor zum grafischen Spiel der Abbildung 2.

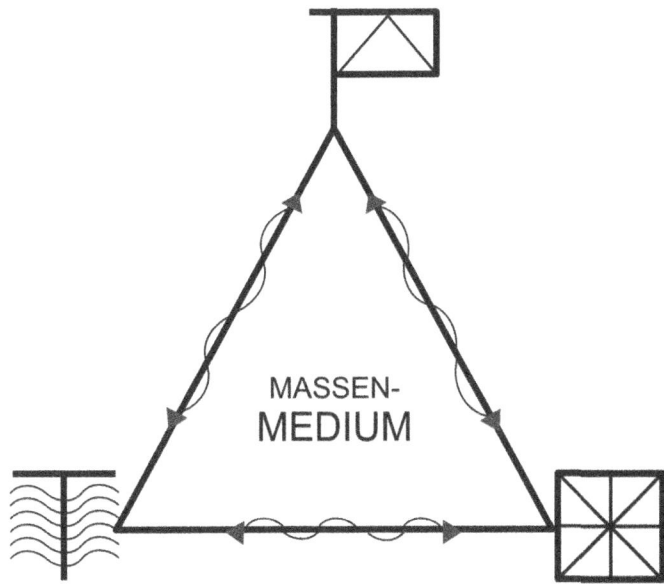

Abbildung 2   Das Magische Dreieck: Spiel der Zeichen und Bedeutungen

*In dieser Betrachtung des Magischen Dreiecks sind die **Dreiecks-seiten** Symbol für das pulsierende Zusammenspiel.*

*Das **T** der Technik beherrscht die Wellen. Es sind die Wellen des Augen-Lichts für das Schauen von Formen und Farben und Tiefe, also des Sehens wie auch des Gesehenen, etwa der „Wirklichkeit" oder eben ihres Abbilds – in der Bildenden Kunst, auf Lichtbild oder Bildschirm und auch in der Schrift als Setzung des von Menschen Reflektierten. Es sind die unsichtbaren Wellen des Schalls und diejenigen der uns in vielen Schichten umhüllenden Telekommunikation in Kabeln und „On Air".*

Das T steht auch für das Equipment zur „Aufzeichnung" und Wiedergabe, für Verbreitung und Empfang, auch in physiologischer Hinsicht.

*Das **O** der Organisation bildet so eckig ausgeprägt den Rahmen und auch das Raster von Recht und Wirtschaft der Kommunikation. Das Quadrat dieses Ordnungsrahmens ist innerlich verzurrt. Das findige Auge erkennt das K des Kommunikators ganz zentral, der in das R des Rechts der Kommunikation eingebunden ist und zumeist auch im M eines Massenmediums wirkt oder als Individualist ein individuelles Medium nutzt. Dieses ist wiederum mit der Wirtschaft W der Medienökonomie verschränkt und produziert schließlich mit der T wie Technik das Programm P.*

*Das **P** des Programms steht wie ein Banner über allem. Denn es fußt auf der Basis von T und O und hat in seiner Fahnenform Signalfunktion für den, der es wahrnimmt, für den Rezipienten, für die Öffentlichkeit. Es verkörpert aber auch den Bilderrahmen, das Papier der Presse, den Bildschirm oder das Display. In der Erscheinungsform dieses P finden sich deshalb auch das T und das O wieder. (Diese sinnige Spielerei funktioniert auch in vielen Sprachen.)*

5   Das Magische Dreieck
als Bezugssystem für Theorien

Diese drei Variablen in der Praxis der Kommunikation als *wechselwirkend* anzuerkennen, bedeutet für die *Theorie*, ein Bezugssystem zu gewinnen, das den für viele Einzelphänomene fruchtbaren Theorienpluralismus der Kommunikationswissenschaft überwölben und deren Teile orten und jeweils zuordnen kann.

Für die **Medienpraxis** bedeutet das *Erkennen* der Wechselwirkung von Technik, Organisation und Programm, dass jede medienpolitische Entscheidung, etwa die Standortpolitik beim gegnerischen Ringen der Staatskanzleien um eine Senderansiedlung, oder die Kreditgewährung, etwa der Milliardenkredit an TV-Mogul Kirch durch die Bayerische Landesbank, oder alle Staatsvertragsregelungen, weil ja Programm als Kultur Ländersache ist, ... die Beispiele sind ohne Zahl, dass also jede medienpolitische Entscheidung programmliche und damit gesellschaftliche Konsequenzen hat.

Medienpolitische Entscheidungen

Die Wechselwirkung der drei Kristallisationszentren erweist sich auch im Kleinen bei der *Produktion des einzelnen Journalisten* als Kommunikator (O), der eine handliche Kamera nimmt, Mikrofon und für alle Fälle eine Stirnlampe (T) und einen kleinen Reportagebeitrag oder auch eine größere Dokumentation dreht (P). Dieses Verfahren ist sehr kostengünstig (O) und es ermöglicht durch das einfache Equipment (T) das Einfangen von Szenen, die ein professionelles Team nicht erhält und die auch noch Beobachtungen weniger verfälschen als der große Auftritt (P).

Das Einmann-team

Auf diese Weise drehte der Autor oft Kurzbeiträge, Teile von lan-
gen Sendungen oder ganze Reportagen und Dokumentationen von
25 bis 60 Minuten Länge, etwa 1973 bei Indios (45 Min., HR), 1986
ohne begleitenden Beobachter in China („Kameraskizzen aus China",
2 mal 30 Min., BR), 2004 „Von der Schöpfung zur Abschöpfung – Mit
Greenpeace im Regenwald am Amazonas" (45 Min., Wiederholung
z. B. 2010 im Weihnachtsprogramm von Phoenix), als Mitwandernder
einer Pilgergruppe über die Gipfel im Sinai (25 Min., „Fernweh", Os-
terprogramm BR, 2009).

Bei dieser also günstigen (Organisation), einfach, jedoch sensibel zu handhabenden Produktionsform (Technik) sind sehr in-
time und stimmige Motive (Programm) zu erhalten, weil man
nicht mit aufwändigerem Technikeinsatz und Personal stört.
Voraussetzungen sind die Antagonismen Schnelligkeit und
gleichzeitig Blick für das Meditative.

„Kamerajour-
nalisten" und
Videojournalis-
ten als Kommu-
nikatoren

Diese Produktionsweise bedarf gerade für größere Features
der Berücksichtigung, wo die technischen und dramaturgi-
schen Vorzüge, und wo die Gefahren künstlerischer Defizite
liegen. Diese Autoren seien hier „Kamerajournalisten" genannt.
Das Verfahren unterscheidet sich deutlich von der heute vor-
dringenden aktuellen Arbeit von Videojournalisten (VJ), die
aus Kosten- und Organisationsgründen Bilder von schnell
überschaubarem Geschehen und Statements oder Interviews
einfangen. Deren sinnvoller Einsatz entspricht der Berücksichtigung der im Magischen Dreieck wirkenden Kräfte: kleiner
Aufwand (T) – einfach und billig (O) – verfügbare Motive (P),
dies auch in Wechselrichtung.

Intuitive Drei-
teilung

Es war in Berlin zur Funkausstellung 1982. Damals gab es noch eine
Woche lang jeden Tag eine vielstündige Liveberichterstattung von
ARD und ZDF im täglichen Wechsel. Die ARD war mit drei Mode-
ratoren präsent – mit *Waldemar Hartmann,* der technische Entwicklungen ankündigte (damals bezeichneten sich Hersteller von meist
schlüpfrigen Kassetten noch werbeträchtig als „4. Programm"), mit
Petra Schürman, die Buntes, Promis, Filme, also Programm vermit-

telte und mit dem *Autor,* der sich um Intendanten, Produzenten, Interessenten und deren Absichten, um Juristen und Medienpolitik kümmerte. So waren die drei Kraftzentren unbewusst besetzt, sinnvoll getrennt und harmonierten doch.

Das Magische Dreieck, das nicht als Theorie, sondern mit seinen starken Wechselbeziehungen als Vorstellungsmodell zu betrachten ist und bei keiner Frage an die Massenkommunikation aus dem Blick geraten darf, sei nun in neun Schritten mit den Theorien der Kommunikationswissenschaft und mit der journalistischen Praxis vernetzt.

Magisches Dreieck – Modell für die Vorstellung

Zunächst sei die Allgegenwart des Magischen Dreiecks als in jeglicher Massenkommunikation omnipräsent aufgezeigt, und dann der Blick auf „Philosophie und Zeitgeschichte" der Thematik gerichtet. Der Raum, innerhalb dessen das Magische Dreieck wirkt, verlangt nach einer Betrachtung der „Öffentlichkeit" und der in ihr entstehenden öffentlichen Meinung. Dies erlaubt dann den Versuch, nach einer „Theorienlandkarte" der Kommunikation zu suchen. Von diesen Befunden nicht unabhängig kann nun die „Medienordnung" als juristischer und wirtschaftlicher Rahmen abgesteckt werden. Auf dieser Basis und unter diesen Bedingungen stellt sich die Frage der „Programmqualität" der Massenkommunikation, und zwar sowohl für das Programm als Ware wie als Botschaft. Hier zeigt sich, dass Absatz oder Quote keine so harten Faktoren der Programmqualität sind, wie es scheint, und die inhaltliche und formale Qualität durchaus einem Härtetest ausgesetzt werden können. Aus dieser Sicht deuten sich durchaus Gefahren für ein qualitatives Abgleiten bezogen auf das Fernsehen an. Ein Kapitel zur Abrundung dieses Parforceritts durch einen Parcours der Massenkommunikation zeigt, in welchen Konstellationen eine Zuordnung der Hürden, Gräben und Strecken gefunden ist, „wie sich alles fügt", so dass dann ein Ausblick auf „Nutzanwendung und Perspektiven" diesen generellen Überblick abschließen kann.

II. Das Modell
des Magischen Dreiecks
in Wissenschaft und Praxis

1 Omnipräsenz

Dieses **Magische Dreieck wechselwirkt immer, es ist allgegenwärtig** – in der öffentlichen Kommunikation von der gesprochenen Sprache, dem Bild, schon dem der Höhlenmalerei, die sich auch an ein Publikum wendet und sich als Kommunikation in die Zukunft präsentiert, über den offenen Brief und die klassischen Massenmedien bis zum Internet. Es ist Grundlage und Voraussetzung jeder Kommunikation und gewinnt mit der Entwicklung der öffentlichen Kommunikation an Bedeutung.

So könnte man die Omnipräsenz des Magischen Dreiecks anschaulich machen:

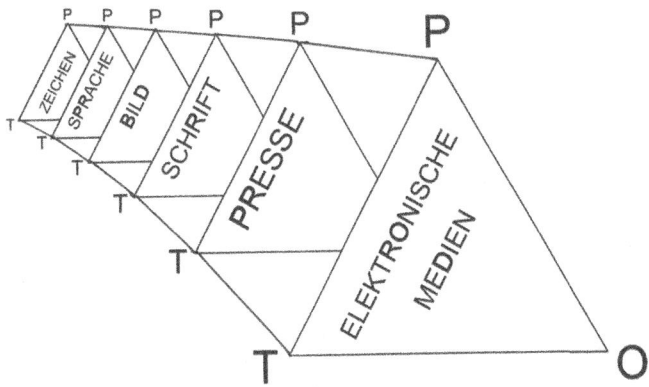

Abbildung 3   Das Magische Dreieck in jeglicher Kommunikation

Jede dieser Formen von Kommunikation geht in der nächst größeren auf. Das Kleine steckt im Großen, das sich auf das Kleine reduzieren lässt – fraktale Welt der Kommunikation.

Die aufgezeigte Abfolge hat eine zeitlich evolutionäre Dimension, indem die jeweils nachfolgende Kommunikationsform auf die vorhergehende aufbaut. Die Folge hat aber auch die Dimension der Gegenwärtigkeit, denn alle hier vorgelagerten Kommunikationsformen gehen in der nächst komplexeren auf. Verschachtelung im Präsens.

Die Vermutung darf ausgesprochen werden, dass das Zeichen nicht das letzte zurück verfolgbare Glied der Kommunikation ist in dieser Trias von Organisation, Technik und Programm. Die Verbindungslinien könnten als Denkvorstellung zurück reichen bis in die unbewusste Kommunikation biologischer Abläufe – bis zu den von der unerschlossenen Organisation der Lebens gesteuerten (O) biophysischen Trägern (T) der Erbinformation als deren Programm (P). Aber das ist nur eine Imagination.

1.1 Blick in die Entwicklung

Das Magische Dreieck – schon vor 35 000 Jahren

Neben gestischen Zeichen oder Signalen ist die gesprochene Sprache eine Urform der Kommunikation. Auch hier: ein Kommunikator mit seinem Lebensumfeld (O), mit Stimmbändern und Mund (T), die eine Botschaft formulieren (P).

Höhlenmalerei: Die Technik besteht aus einer krummen Steinwand, einer aufwändig hergestellten und sparsam eingesetzten Farbe von Naturpigmenten (T), die vielleicht auch deshalb bildprogrammlich nur für Umrisse benützt wird (P). Im mystischen Halbdunkel (T) braucht es eine klare und das Typische heraushebende Linienführung (P). Offenbar wurden die Gestalter ausgewählt (O), denn nirgendwo finden wir Krakeleien; der durchgehende Strich zeigt in allen vergleichbaren steinzeitlichen Höhlen die Hand eines Meisters, der es vor 35 bis 25 Tausend Jahren in seiner reduzierten Expressivität mit Picassos graphischem Werk als Botschaft an die Zukunft aufnehmen kann (P).

Nun demonstriert uns Werner Herzogs Film „Cave Of For-
gotten Dreams" in 3D-Technik, wie bei vielen der 400 Male-
reien der 1994 entdeckten Chauvet-Höhle in Südfrankreich die
unruhige und tiefe Plastizität des Untergrunds von den Künstlern damals für deren unverzerrte Tierabbildungen perspekti-
visch ausgeglichen wurde. Wir sind also in der Gegenwart, in
der uns mit Hightechmitteln ein realistischer Eindruck zum
Staunen über die hohe Kunst optischer Verdichtung bringt,
auch wenn uns letztlich die Bedeutung der Darstellung eines
Teils der Lebensumwelt unserer Urahnen verschlossen bleibt.

„Ich bin Skeptiker, was 3D anbetrifft", sagt Herzog, aber er
versucht sich an dieser Technik, die ja gerade die Reduzierung
der Dimensionen, einer plastisch von den Steinzeitkünstlern
gesehenen Wirklichkeit auf die Fläche ihrer Felswand, auflöst,
in dem sie diese zweite Dimension wieder überwindet.

Diese Technik verlangt Umorganisation, bedingt Kosten
und sucht nach besonderen Motiven, die dann dem staunen-
den Betrachter entgegenragen oder ihn anspringen.

Das Fernsehen ist eine eigene Geschichte der technischen
Erweiterungen, die dann jeweils organisatorisch und programmlich Konsequenzen zeitigten: Von Schwarz-Weiß zur
Farbe mit großem Kosten- und Umstellungsaufwand, auch unterschiedlichen bis in medienpolitische Folgen reichenden Systemen wie Pal (Deutschland) und Secam (Frankreich).

Beschleunigung des technischen Wandels

Der *Formatwechsel* von 4:3 hin zu 16:9 zog sich in den
90ern über viele Jahre hin. Er verursachte bei den Sendern
enorme Investitionen, bei den Geräteherstellern große Hoffnungen auf einen neuen Schub auf dem Verbrauchermarkt und
bei den Zuschauern entsprechende Kosten. Die EU förderte
zur Ankurbelung der Wirtschaft die Umstellung von 4:3- auf
16:9-Produktionen mit erheblichen Mitteln.

Die Dominanz der Horizontalen

Regisseure mussten umdenken und selbst ein Interview in
16:9 anders arrangieren und Symmetrie und Lichtgestaltung
neu einschätzen. Denn das breitere Bild verlangt eine Schwer-
punktverlagerung. Bei der Produktion „Wälder der Welt –

Wurzeln der Menschheit" erlebten wir das Problem, dass wir schlicht größeren Abstand zu den Bäumen, also weitere Totalen als bisher gewohnt, nehmen mussten, was den Kameramann zu zwar wunderschönen, ruhigen, aber „endlosen" und dann aus Zeit- und Rhythmusgründen doch nicht verwertbaren Schwenks über die Weiten der Horizonte veranlasste. Denn das vordem „rundere" Bild ist gedehnt.

Die Befürworter des neuen Formats argumentierten, es entspreche unseren Sehgewohnheiten eher. Doch in den Galerien und Museen hängen mehr Hochformat- als Querformatbilder. Der Impuls kommt wohl vom Kino, bei dem die Decke nicht so hoch wie der Saal breit sein kann, und wo Breitleinwand und Stereoeffekt die Besucher bei Reiterstaffeln, Cowboyherden und Verfolgungsjagden in Bann schlagen. Die Dominanz der Horizontalen.

Schluckt das Internet das Fernsehen?

Die lange angekündigte, doch schwierige Vermählung des Fernsehens mit dem Internet – zunächst crossmedial eher durch wechselseitige Verweisungen gelöst – will You Tube („Broadcast yourself!") und Google TV leisten und Apple TV angehen. Beide wollen die Startseite für künftiges Fernsehen liefern. Dabei sollen zunächst alle Video-on-Demand-Plattformen wie die Mediatheken der öffentlich-rechtlichen Sender oder Abruffernsehen von Privaten integriert werden. Auch ein neues System, HbbTV genannt, will auf den Markt. Bei diesem kommt das Internetangebot mit ins Bild. Dieser Überfluss an Bild und Text, zum Audiokanal dazu, mag ein Gewinn an Information und Gleichzeitigkeit sein, künstlerische Aussage aber könnte ebenso auf der Strecke bleiben wie Eindruck und Genuss. Das soll die Zukunft sein, meint man zumindest bei der TV-Gruppe ProSieben Sat 1.

Ein eigenes Forschungskapitel der Zusammenhänge im Magischen Dreieck wäre die *Digitalisierung* von Aufnahme, Speicherung und Ausstrahlung mit allen Impulsen dieser *Dematerialisierung* im Wirksystem, das hier den Rahmen sprengen würde.

1.2 Die Wechselwirkungen

1.2.1 Dreiecksseite Programm – Technik

Die Technik verleiht dem Medium ihren Namen als Presse, Heft, Flugblatt, Schrift, Buch, Illustrierte, als Hörfunk oder Fernsehen, Film oder Internet. Die Technik bestimmt die *Möglichkeiten* der Botschaft, und die Programm*botschaft* verlangt nach einer spezifischen Technik. Unsere Beispiele: ohne Weitwinkel in St. Gallen keine obere Fensterreihe und Galerie im Bild. Oder: Mit neuen Verteiltechniken von Kabel und Satellit Vermehrung der Programme, völlig veränderte Programmlandschaft.

Die Technik als Namenspatron

Die Kamera ist Hilfsmittel der *Artikulierfunktion* des Mediums; Kabel und Satellit sind die Instrumente der *Transportierfunktion*. Beide, Aufnahme und Distribution, prägen durch den Kommunikator in seiner Organisation das Programm. So erfüllt sich auf dieser Achse McLuhans These „Das Medium ist die Botschaft".

Nun macht das Internet diese These noch deutlicher: Die vernetzten dezentralen Strukturen stärken die Bürgergesellschaft gegenüber ihren Staaten. Dieser Paradigmenwechsel hat geopolitische Dimension. „Das 21. Jahrhundert ist eine miserable Zeit für Kontrollfreaks" meint ein Berater der US-Außenministerin. In der Tat hat heute ein Afrikaner mit seinem Handy auf mehr Informationen Zugriff als US-Präsident Ronald Reagan oder George Bush sen. vor einem Vierteljahrhundert.

Internet: Zugriff und Eingriff

Die Internettechnik bewirkt neben der Zugriffsmöglichkeit auch eine im Wortsinn ungeheure Beschleunigung und damit auch eine Eskalierung. Wenn jeder mitreden kann, multipliziert sich in Sekundenschnelle eine bestimmte Position zu einem Vorgang oder zu einer Person. „Shitstorm" nennt man in der Piratenpartei eine beim „Kandidatengrillen" ausgelöste Empörung.

Der schnelle Zugriff wird zum Eingriff (Näheres unten bei 4.7. Gegenstück zur Schweigespirale: die *Schrei*spirale).

1.2.2 Verhältnis Programm – Organisation

Programm
sucht sich
Organisation

Das antizipierte Programm wirkt mit seinen Zielen und seiner potentiellen Akzeptanz in die Organisation, in die Haltung des Kommunikators und in Ökonomie und Struktur des Mediums hinein. *Die Organisation des Mediums ist Struktur gewordene Programmintention.* Unser Beispiel: Programm mit Galerie im Bild fordert Entscheidung für finanziellen Zuschlag. Oder: Vielzahl der Programme bringt neue Organisationsstrukturen und führt zum Dualen System von privatem Rundfunk – Hörfunk und Fernsehen – neben dem öffentlich-rechtlichen. Der Kommunikator ist in der Organisation verortet. (Vgl. zum Verhältnis der Qualität des Programms zur Organisation unten bei 6.2.)

1.2.3 Verbindung Organisation – Technik

Die Organisation verlangt nach technischen Voraussetzungen für ihr Programm. Die Technik ihrerseits schlägt sich in dieser Organisation nieder. Unser Beispiel: Mit einem finanziellen Zuschlag setzt das angemietete TV-Team das Weitwinkelobjektiv ein. Oder: Viele Sender benötigen viele Kanäle der Verbreitung, diese bewirken eine Änderung der Struktur.

Im Verhältnis Technik – Organisation schlägt diese Wechselwirkung natürlich auch im Print durch. „Bei dramatischen Ereignissen wurden früher mehr Zeitungen verkauft, in diesem extremen Nachrichtenjahr" (2011 mit Fukoshima, Arabischen Revolten …) „haben diese Themen am Kiosk erstmals nicht funktioniert", sagt Di Lorenzo als Chefredakteur der Zeit im Blick auf das schnellere Internet, obwohl seine Wochenzeitung der digitalen Konkurrenz erfolgreich Widerstand leistet. Aufs Ganze gesehen steht auch der Printbereich im Aktuellen wie im Buchsektor organisatorisch vor einem Umbruch.

1.3   Modell und Theorie

Das Magische Dreieck erlaubt, nicht nur die einzelnen Bäume und Baumgruppen des *Theorienwalds* der Kommunikations-wissenschaft zu betrachten, sondern es nimmt das *komplexe Ökosystem* dieses Theorienwalds in den Blick. Es kann helfen Theorien zu überprüfen. Es entspricht auch Gerhard Maletzkes Modelldefinition in seinem Theorienüberblick: „Ein Modell ist eine vereinfachte, abstrahierende Repräsentation eines Reali-tätsbereichs mit dem Ziel, die unter einer bestimmten Problem-stellung relevanten Aspekte herauszuheben und überschaubar zu machen" (Massenkommunikationstheorien, Tübingen, 1988, S. 56). Klaus Krippendorf folgert und fordert genau hierzu: „Kommunikationstheorien müssen sich in den Wirklichkeiten konstituieren, die sie zu beschreiben beanspruchen." (in Ben-tele/Rühl Hg., Theorien öffentlicher Kommunikation, Mün-chen 1993, S. 23). Siehe im Einzelnen unten bei 4.

Modell hilft, Theorien zu überprüfen

2 Philosophie und Zeitgeschichte

2.1 Technik und Botschaft in der Geschichte

Die Liebe zur Weisheit befördert kluge Gedanken. Seit es Medien gibt, wird auch ihr Wirken reflektiert. So war für Platon die Schrift als Geschenk des ägyptischen Gottes Theuth höchst ambivalent. Platon beschreibt die Schrift als téchnä. Bei allen Vorzügen sei sie der Rede mit deren Unmittelbarkeit des Denkens und der Ansprache unterlegen; die Schrift sei „Gedächtnisgift", und mit ihrer Überzeugungskraft lasse sich auch besser lügen (Platon im Dialog Sokrates – Phaidros und im Siebten Brief, zit. bei Dieter Mersch, Medientheorien, Hamburg 2006, S. 30 ff). Die Medialität der Schrift bezeichnet Mersch in diesem Zusammenhang als „Verweis auf die ebenso prinzipielle wie unausweichliche Janusköpfigkeit des Technischen, dessen Zwiespalt sich ins Medium einschreibt" (a. a. O., S. 33).

Ansätze einer Medienphilo-sophie

Rede, Schrift und Bild waren die Kommunikationsmittel der Antike. Deren Aisthetik entwickelte sich zu einer eigenen philosophischen Disziplin und später über die „Medien der Darstellung", so von Hegel und Schiller benannt, bis in die Gegenwart des Medien-Designs. Heute hat die Ästhetik in der audiovisuellen Kommunikation ihre größte Herausforderung und Chance.

Einer, der die laufenden Bilder noch nicht kannte, lässt im Wettkampf zwischen Schrift und Bild im „Laokoon: oder die Grenzen zwischen Poesie und Malerei" noch die Schrift gewinnen, Gotthold Ephraim Lessing. Das Bild könne nur die Struktur von Raum und Augenblick erfassen, die Poesie dagegen die der Zeit und Sukzession. Alle diese Möglichkeiten des Erfassens haben nun die audiovisuellen Medien bei Ihrem Wech-

Schrift und Bild

selspiel von Technik und Programm. Für McLuhan ist das
Medium das Dazwischen. Für ihn ist also das Medium die Bot-
schaft, weil stärker als der übermittelte Stoff die Medialität des
Mediums zählt. Fast wie bei Platon.

2.2   Die individuelle öffentliche Kommunikation

T. O. P.: einfach,
alle, jetzt

Zeitsprung: Inzwischen sind wir bei der massenwirksamen
individuell-öffentlichen Kommunikation von eMail, iPhone,
Facebook und Twitter angekommen mit deren drei besonderen Chancen:

- der einer einfachen und billigen Multiplikations*technik*,
- derjenigen von vielen Individuen als Kommunikatoren, die
  eine neue *Organisationsform* bilden,
- und der einer Aktualität des Jetzt und Sofort der *Programmbotschaft*. (Vgl. oben I.1.2.1., im Folgenden an vielen Stellen)

Diese also aufgrund neuer Techniken möglichen Botschaften können die Machtverhältnisse im Staat bei Wahlen wie bei
Umsturzversuchen verschieben. Obama konnte Gelder für den
Wahlkampf einsammeln. Die radikale Tea Party setzte ihm und
der eigenen Partei zu. Volksbewegungen im arabischen Raum
konnten Alleinherrscher wegtwittern. Diese Kurznachrichten
verändern die Welt. Wie überhaupt jede Innovation eine Trieb-
feder unserer Evolution ist.

2.3   Der Weg zur Freiheit der Botschaft

Das Wechselspiel zwischen *Programm und Kommunikationsordnung* weist eine bewegte Geschichte auf. Es war ein langer
und mühseliger Weg zur Freiheit des Worts und dann der der
Medien – und er wird unter größten menschlichen Opfern in

China, im Iran, auch in Russland, der Türkei und anderswo immer noch gegangen.

Selbst in lange etablierten Demokratien ist dieser Weg wieder gefährdet, diesmal durch einen Selbstzerstörungsprozess neoliberalistischer Kapitalinteressen, zum Beispiel denen des weltweit agierenden „Medienmoguls" Rupert Murdoch, dessen Zeitungen in England Bürgerrechte massiv verletzten, um die Auflage durch reißerische Inhalte steigern zu können.

Grundrechte sind Abwehrrechte des Bürgers gegenüber dem Staat. Bei den Übergriffen der Medien in Bürgerrechte kommt es darauf an, wie stark die Verfassung die so genannte Drittwirkung der Grundrechte der Bürger gegenüber nichtstaatlichen Übergriffen (also solchen von „Dritten") gewährleistet, und wie gut ein nicht korrumpierter Staat dann diese Drittwirkung durchsetzt. Medien, die den Freiheitsraum überdehnen und missbrauchen, gefährden die freie Kommunikation und entziehen der freien Willensbildung der Gesellschaft durch Deformation statt Information die Basis. *Freiheit vom Staat und gegenüber Monopolen*

Historisch war der Weg zur Meinungs- und Preßfreiheit mit dem Menschenrecht als Naturrecht begründet worden. So reklamierte Fichte die „Zurückforderung der Denkfreiheit von den Fürsten Europas". Niklas Luhmann setzt der göttlichen oder naturrechtlichen oder auch Rudolf Smends geisteswissenschaftlicher Begründung der Grundrechte die *soziale Funktionalität* als einzige Legitimierung gegenüber. Aber das ist vielleicht ein Scheingefecht! In „Massenkommunikation – Funktionensystem als Ordnungsprinzip" (T. Steiner, München 1974) schrieb der Autor in einer Fußnote (303): „Demgegenüber zeigt gerade der Kant'sche Kategorische Imperativ, dass naturrechtliche Postulate und funktionale durchaus dasselbe sein könnten; die gemeinsame Klammer für das „vor" dem Menschen stehende Naturrecht und die „hinter" ihm liegende Funktionalität ist der Mensch, dem Ordnung adäquat sein muss." Hier sei heute zu ergänzen: Es ist nicht nur vom Ergebnis her das Gleiche, sondern auch vom Ansatz her zumindest sehr verwandt. Luhmann *Begründung der Freiheitsrechte in Philosophie und Soziologie*

hat mit seinem selbstreferenziellen Beobachtungspunkt – der
Beobachter als Teil des betrachteten Systems – nur vermeintlich das „alteuropäische Denken" überwunden, denn es geht bei
Luhmanns „sozialer Funktionalität" genauso wie bei einer naturrechtlichen oder geisteswissenschaftlichen Begründung der
Freiheiten immer um das Menschenbild, das man für sich im
sozialen Kontext beansprucht, also in funktionaler Kommunikation den andern zugestehen muss.

2.4   Bewusstseins-Industrie im Wandel

Technische Innovationen erlauben Arbeitserleichterungen, die
aber sofort ökonomische Wirkungen auslösen. So ermöglicht
die Digitalisierung den Entfall vieler kleiner Arbeitsschritte,
beschleunigt und verdichtet aber gerade dadurch das Arbeiten und Wirtschaften. Sie fördert Vernetzung und Globalisierung und verlangt deshalb Handlungsstrukturen, Einordnung,
Regulierung. Technische Innovationen greifen ins gesellschaftliche Leben ein, besonders in Mobilität und Kommunikation.
Das Fernsehen tut dies mit einer täglichen Nutzungsdauer von
zwei bis drei Stunden beim europäischen Durchschnittsbürger.
Bei den Medien reagiert deren Ökonomie hoch sensibel auf alle
technischen Entwicklungen, denn solche Neuerungen beeinflussen das Marktgeschehen und die Gewinnchancen.

Entpolitisierung   Hans-Magnus Enzensberger sprach in seiner Zeitschrift
„Kursbuch" von einer „Bewußtseins-Industrie", wo er an die
Kritik der „Kulturindustrie" der Frankfurter Schule von Hork-
heimer und Adorno anknüpfte. Einerseits könnten gerade die
elektronischen Medien soziale Barrieren überwinden, andererseits verhinderten gerade Fernsehen und Film Kommunikation, indem sie Wechselwirkung ausschließen würden und als
gesteuertes, an viele gerichtetes Programm entpolitisierten. Er
stellt also mit seiner skeptischen Haltung gegenüber den Reak-
tionen der Gesellschaft auf die Strukturen der Veranstalter von
Massenkommunikation ab.

Es ist zutreffend, dass in der Anfangszeit des Fernsehens nur finanziell sehr gut ausgestattete Organisationen die teure Technik bewältigen und die wenigen Frequenzen terrestrischer Verbreitung nutzen konnten. Deshalb gab und gibt es im öffentlich-rechtlichen System auch das Gebot des Binnenpluralismus von Meinungspositionen und Themen, den ein Sender im Gesamtprogramm garantieren muss. Dies ist ein verbindliches Ordnungsprinzip. Bei der Presse hofft die Rechtsordnung auf den Markt, der Aussenpluralismus herstellen sollte. Die Pressekonzentration ist aber hierfür eine latente Bedrohung, eine Gefahr also für die Meinungsvielfalt (siehe unten bei 5.).

Mit der Weiterentwicklung der elektronischen Medien zur Organisation des Dualen Systems und dann dem Schritt vom teuren Filmmaterial zum günstigen Magnetband kam es zu kleinteiligeren Veranstalterstrukturen und zu einer Vermehrung der Zahl selbständiger Produzenten. Die Digitalisierung der Transportierfunktion, der Ausstrahlung, erlaubt derzeit im Hörfunkbereich eine weitere Mehrung sendender Veranstalter. Parallel zur Chance der Dezentralisierung ist auch ein gegenläufiger Trend festzustellen: eine technisch nun mögliche crossmediale Verschränkung von Verlagen, Fernsehen und Internet mit, ökonomisch bedingt, entsprechenden Tendenzen der Konzentration (vgl. 5.6.). Dass inzwischen nur 10 Verlage 60 % der Auflage des Zeitungsmarkts stellen, beschreibt H. Röper unter „Konzentration erreicht Höchstwert" (in Zs Mediaperspektiven, Mai 2012).

Vom Monopol zum Polypol und zurück

2.5 Dokumentationsspeicher der Geschichte

Die audiovisuelle Technik hat die Schrift nun nach einigen Jahrtausenden als Dokumentationsspeicher der Geschichte abgelöst.

Die Gräuel früherer Kriege sind uns nur schriftlich oder vielleicht noch in Stichen oder Gemälden überliefert. Aus so vermittelter Geschichte ist nur bedingt etwas zu lernen. Die fil-

mische Dokumentation des Naziunrechts aber hat sich in das
Gedächtnis der Menschheit eingeschrieben und wird dies auch
künftig tun. Das wird dieses Land ständig belasten. In den bewegten und bewegenden Bildern heutiger Gräuel liegt auch die
Chance, durch öffentliche Aufmerksamkeit solche Zustände zu
überwinden.

2.5.1

Manipulations-
gefahr

Doch mediale Kommunikation war und ist auch immer Manipulation, so wie oben schon bei Platon für das Medium Schrift
vernommen. Audiovisueller Kommunikation ist Manipulation
immanent und zwar in allen Produktionsstufen, von der The-
menselektion über die Regiemaßnahmen, den Kamerablick-
winkel, die Schnittmontage bis hin zur Audioverarbeitung von
O-Tönen, Kommentartext, Sprecherbetonung und vor allem
auch von Musik und beigemischten Geräuschen. Das gleiche
Bild einer neutral schreitenden Person wirkt mit bedrohlicher
„Musik" Angst erregend und mit fröhlicher eben heiter; man
sieht die Person sogar anders gehen.

Dass sich nun am Computer das Abbild einer Realität noch
zusätzlich verändern lässt, müsste international Gesetzgeber
auf den Plan rufen, um digitale Verfälschungen von Aufnahmen, die zeitgeschichtlich oder persönlichkeitsrechtlich be-
deutsam sind, kenntlich zu machen.

2.5.2

Speicher des
immateriel-
len Erbes der
Menschheit

Heute sind wir in der Lage, das immaterielle Erbe der Menschheit mit dieser Technik zu bewahren. Wir sehen das in der Zeitgeschichte, wo uns Ton- und Bildaufnahmen seit eineinhalb
Jahrhunderten die jüngere Vergangenheit lebendig werden lassen. Zeitzeugen sprechen auf diese Weise zu uns, und auch unsere Stadtlandschaften, wie sie vor den Kriegen Lebensraum

waren. Selbst in Spielfilmen nehmen uns Landschaft, Natur, Gebäude und Verkehrsmittel „von damals" manchmal mehr in Bann als die Handlung.

Aber wir sind dabei, einen zentralen Auftrag unserer Generation zu übersehen:

Die Menschheit lebt jetzt in einer Schnittstelle der Zeiten. Mit der Mikroelektronik setzt die Welt zu einem Evolutionssprung an. Mobilisierung und Globalisierung beschleunigen potentiell diese Phase. Die weltweite Konkurrenz von Waren und Dienstleistungen bewirkt den Ablösungsprozesses unserer Zivilisation von den regionalen Traditionen des Lebens und Arbeitens. Und so nehmen wir in unserer vorwärts gewandten Hektik den schleichenden Untergang einer Jahrtausende alten Berufskultur, die ganze Gesellschaften und Landschaften prägte, kaum wahr.

Diese Erfahrungen und Werte waren regional standardisiert, wurden so über ungezählte Generationen tradiert und bildeten in ihrer relativen Stabilität eine Grundlage des individuellen und des sozialen Überlebens und auch das Fundament für Hochkulturen.

Was heute an „praktischem Wissen" überall auf der Welt angesammelt ist, macht unser weltweit differenziertes *immaterielles Kulturerbe* aus und damit auch die Basis unseres Wirtschaftens, das Wurzelwerk unserer Zivilisation. Diese vor Nivellierung und Eintönigkeit zu bewahren und den Reichtum, der in der überkommenen Vielgestaltigkeit liegt, wenigstens im filmischen Dokument für die Zukunft zu bewahren und dies in wichtigen Kulturregionen einigermaßen systematisch festzuhalten, ist eine Chance für uns heute in der kurzen Gegenwart unserer Zeitschnittstelle.

Für den mitteleuropäischen Raum hat die vom Autor konzipierte Dokumentationsreihe „Der Letzte seines Standes?" aus diesem Bewusstsein eine Grundlage des Erinnerns und einen kleinen, jedoch relevanten Erfahrungsspeicher für Gegenwart und Zukunft geschaffen. Die Reihe dokumentiert in jedem Film von 30 Minuten Länge je einen überkommenen Beruf im Por-

Vielfalt „praktischen Wissens"

trät jeweils eines Protagonisten in dessen authentischer Umge-
bung und in der Einheit dieser drei Kriterien:

- Sie zeigt beim Arbeitsprozess die einzelnen Entstehungs-
  schritte, die Kniffe, Tricks und Werkstattgeheimnisse, also
  das alte Wissen, auch um es für die Zukunft zu bewahren.
- Sie porträtiert die Meister oder Meisterinnen mit ihren Vorstellungen und Werten so, wie sie geworden sind in ihrem
  Werk – heute soft skills genannt.
- Und sie ordnet das Produkt „auf dem Markt von damals"
  ein, um auch technische und soziale Zusammenhänge und
  das Lebensgefühl vergangener Tage zu vermitteln.

Wissen und Werte dieser Berufskultur brauchen wir als Bezugspunkt des Fortschritts und auch, um Erfahrungen nicht auszu-
löschen und um im Einzelfall aufwändige Umwege zu vermeiden. Die Reihe ist schon heute eine Erfolgsgeschichte und eine
Marke. Über 1000 Ausstrahlungen der 65 Folgen in deutsch-
sprachigen Fernsehkanälen machen sie zu einer der erfolg-
reichsten Doku-Reihen im deutschen Fernsehen. Nicht Nostal-
gie ist das Geheimnis, sondern die Nähe zum Menschen, dem
einen Protagonisten jedes Films, es ist die Achtung und die
Aufmerksamkeit, die dieser Arbeit gezollt wird, die Authentizität von Werkstatt und Werkzeugen ohne museale Distanz
und es ist auch die cineastische Sorgfalt der Gestaltung. So wird
das Bewusstsein in die breite und vor allem auch junge Öffentlichkeit hineingetragen, dass sich ein Abschied vollzieht. Umso
wichtiger ist jetzt jede Anstrengung zur Dokumentation dieser
Wurzeln. Denn bald ist diese Chance vorbei.

2.5.3

Bewusstsein
schafft Selbst-
bewusstsein

Das Bewusstsein der Wurzeln der eigenen Zivilisation schafft
auch Selbstbewusstsein. Deshalb wäre es auch eine zentrale
Aufgabe von Entwicklungspolitik, zu diesem Selbstbewusst-

sein beizutragen und gerade den Regionen und Ländern von ihrer Ehre und ihrem Stolz zurückzugeben, die in Geschichte und Gegenwart unter unserem Einfluss davon vieles verloren haben und heute unter besonderem wirtschaftlichem Anpassungsdruck leben.

Dazu könnte eine einigermaßen systematische filmische Dokumentierung der dort gerade noch vorhandenen, jedoch rasant erodierenden Berufskultur und des untergehenden Wissens einen wesentlichen Beitrag leisten:

Wertschätzung und Bewahrung ist die Wirkung, wenn die technisch-kulturellen Traditionen vom Handwerk bis zur Heilkunst und zu Lehre und Spiritualität in den Heimatregionen und in der Welt dann durch Sympathieträger der alten Erfahrungsschätze authentisch lebendig und nicht retrospektiv archivarisch in die Öffentlichkeit getragen werden. Es könnte unser wirksamer Beitrag zum besseren Verständnis in mehrfacher Hinsicht sein. Und es wäre die notwendige Manifestierung eines Kulturerbes, das die Welt in der erwartbaren sozialen, ökonomischen und *kulturellen Entropie,* der Vermischung und Einebnung, dringend braucht.

Aus dieser Dokumentierung ergibt sich auch eine Form des kulturellen Austauschs mit *nachhaltiger* und gleichgewichtiger Wechselwirkung. In naher und erst recht fernerer Zukunft stellt eine Film- und Fernsehreihe mit dem in der Lebenspraxis bewährten und optisch attraktiv festgehaltenen Weltwissen einen kulturell und wirtschaftlich unschätzbaren Wert dar, der täglich wächst, weil er sich später nicht mehr gewinnen lässt. Und der mit jeder TV-Ausstrahlung eine Auffrischungsimpuls enthält.

2.5.4

Und noch ein Gesichtspunkt ist in diesem Zusammenhang des audiovisuellen Mediums als Dokumentationsspeicher der Geschichte erwägenswert.

Umbrüche und Einbrüche

Hochmütig halten wir uns für klüger als unsere Ahnen.

Doch die alten Römer benutzten eine Art von Zement, die das Pantheon, obwohl oben offen, seit zwei Jahrtausenden unbeschadet stehen lässt. Ein heute errichtetes Betonbauwerk, obschon mit Stahl armiert, muss oft schon nach einigen Jahrzehnten aufwändig saniert werden. Handwerklich, organisatorisch und wissenschaftlich kam es immer wieder nach zivilisatorischen Höhepunkten zu Zusammenbrüchen, zu Phasen des Vergessens in unserer Geschichte.

Vielfache Gründe für Wissensverlust Inwieweit Hochkulturen am Ende von außen zerstört wurden, wie die mittel- und südamerikanischen mit ihren weit reichenden mathematisch-naturwissenschaftlichen und in Kulte, Bauwerke und Gegenstände umgesetzten Kenntnissen, oder in sich zusammenbrachen wie diejenigen des Zweistromlandes oder der ägyptischen und arabischen Welt, ob sie sich einfach überlebten wie Auslaufmodelle, mag dahinstehen.

Das ausgeprägte Erfahrungswissen vieler Ethnien ging auch mangels geeigneter überlebensfähiger Datenträger verloren, wenn etwa anstelle der Schrift Schamanen oder die Druiden der Kelten oder weise Männer und Frauen das Althergebrachte tradierten.

Heute, wo alles immer schneller gehen muss, und gelegentlich blinde Fortschrittsgläubigkeit Überkommenes verachtet, geht vieles davon sehenden Auges unter.

Exemplarische Beobachtungen Im Rahmen der genannten Dokureihe entstand eine Art *Pilotproduktion* im Iran für das Anliegen dieses weltweiten Festhaltens. Es ist die Dokumentation *„Der Windturmbauer von Yasd".* Heute hängen auch in dieser Stadt verrostende Klimaanlagen außen an den Fassaden und fressen Strom, weil man die einfache und wirksame Kühltechnik und auch die Ästhetik ihrer Architektur gering schätzt.

Oder ein ganz nahe liegendes Beispiel zu unserem Baustoff Holz: Ein Film des Autors über einen Weißbinder, so nennt man in den Alpen den Fassbinder, der aus hellem Holz, meist Fichte oder Esche, Gebinde für die Milchwirtschaft herstellt, die zwei bis drei Generationen ohne Metall oder Leim dicht und gebrauchsfähig sind, z. B. Fässer zum Buttern (Weißbinder

ist nominell das Gegenstück zum Schwarzbinder, der aus Hartholz Weinfässer baut). Da sah man nun im Detail, welches Holz
sich für Spaltung mit der Hand „der Faser nach" eignet, und
welches nicht mit der Maschine gesägt werden sollte, weil es
später reißt, auch wenn es vorher ausgetrocknet ist. Es ist Holz
mit links drehendem Wuchs. Da war die Reaktion des Zimmermanns, der im selben Dorf einen international renommierten
Betrieb führt: „Wenn wir das noch gewusst hätten, wären bei
Deiner Hütte keine Drahm (Tragbalken) so gerissen, obwohl
die trocken waren." Das wussten aber die Zimmerleute im Mittelalter sehr wohl noch, was sie zu Balken sägen können, wie
sich jedem sofort erschließt, der je im Dachstuhl einer gotischen Kathedrale herumkletterte.

  Überrascht war der Autor auch schon in den 70er Jahren
bei Indios im Amazonasgebiet, den Karitianas, über deren medizinische Heilkunst und die Verwendung von Contraceptiva für Frauen seit Menschengedenken und 1990 beim Stamm
der Mynki über lokal anästhesierende Kräutersäfte, die uns
bei Filmarbeiten über Verletzungen hinweg halfen, oder über
einen Tee aus Bast, der Männern die Potenz erhielt, aber deren
Sperma lähmte, um die Stammesgröße im Gleichgewicht mit
den Umweltressourcen zu halten. Ihre Verwandten, die Iranjes,
nur 60 km entfernt, hatten damals schon alles verlernt, weil
eine Straße an ihrem Gebiet vorbeigebaut wurde. Frauen prostituierten sich, Männer hingen apathisch und kiffend in ihren
Hängematten rum. Ihre Medizin kam aus den USA oder aus
Deutschland.

  Viele Stämme zusammen gründeten in Cuiaba 1990 die erste
Indianeruniversität, um ihr altes Wissen und ihre Kultur zu bewahren. Wir dokumentierten dies damals („Aus Forschung
und Lehre: Die stille Botschaft der Mynki", BR 1990) und sollten heute nachsehen.

  Die These von der Verdoppelung des Weltwissens in immer
kürzeren Abständen macht fortschrittsgläubig und ist wohl
eher eine Hypothese. Denn das Wissensfundament wird brüchig. Gerade in den Entwicklungsländern, in Schwellenländern

Die Hypothese
vom rasant
wachsenden
Weltwissen

und wie gesehen auch bei uns ist noch ein ungehobener Schatz an archaischem und überkommenem Wissen auf allen Gebieten des Lebens und Arbeitens vorhanden, ja teils noch lebendig. *Es ist zu vermuten, dass in unseren Tagen in der Gesamtbetrachtung mehr an tradiertem Weltwissen untergeht, als neues gewonnen wird, vergleichbar dem Sterben der Sprachen und der Arten – allen Verheißungen der Verdoppelung des Weltwissens in jeweils wenigen Jahren zum Trotz.*

Genpool *und* Wissenspool

So wie im Eiskeller Spitzbergens jetzt die biologische Artenvielfalt als Erbe der Evolution in Form der Samen für die Zukunft aufbewahrt wird, genauso muss sich die Menschheit bemühen, das in der Evolution unserer Spezies entwickelte und bis in unsere Tage tradierte Weltwissen, wenn schon nicht lebendig zu halten, so doch in lebendiger Form zu konservieren.

Vieles davon könnten unsere Kinder und Kindeskinder wieder benötigen, wenn sich die digitale technologische Evolution auf ihrem Weg der Verselbständigung immer weiter von unserer angeborenen analogen Wahrnehmungs- und Erkenntnisweise entfernt.

Verletzlichkeit der virtuellen Welt

So ist dieses dokumentarische Festhalten nicht nur ein kultureller Auftrag ersten Ranges, sondern auch ein zivilisatorischer. Die zivilisatorisch technologische Entwicklung verliert nämlich nicht nur den Bezug zur Vergangenheit, sondern könnte in einer überschaubaren Zukunft sogar implodieren: Die Digitalisierung aller Arbeits- und Kommunikationsbereiche kann in ihren inneren Prozessen mit unserem physiologisch gegebenen Rezipieren und Verstehen des Geschehens nicht mehr mit vollzogen werden. Auch wenn Spezialisten über Spezialwissen verfügen, führt höhere Komplexität zu mangelnder Beherrschbarkeit.

Goethes Metapher vom Zauberlehrling ist nicht nur Lyrik.

Parallel zur Verselbständigung der Technik wächst nämlich durch die Globalisierung der *Bedeutungsverlust des Ortes* und der Region für ein Werk. Auch insoweit schwindet die *Authentizität des Handelns* und wächst die Gefahr weltweit wirkender Fehlentscheidungen bei Ausfall multilokaler und individuel-

ler Korrekturmöglichkeiten. Das verstärkt auch Monopolisie-
rung und Abhängigkeit. In einer solch umfassenden zivilisatorischen Gefahr befinden wir uns bei der irrealen Abkopplung
der Finanzmärkte vom realen wirtschaftlichen Geschehen bereits heute.

Wir müssen also in der Zukunft auf das eben untergehende,
in den letzten Tausenden von Jahren gewachsene angewandte
Weltwissen zurückgreifen können. Die Werkzeuge und Mittel
dazu haben wir in der Hand.

Wir erkennen die Notwendigkeit des Festhaltens und Be-
wahrens des überkommenen Wissens und der damit verbun-
denen Werthaltungen (P).

Wir verfügen über die technischen Mittel der Aufzeichnung
und Speicherung (T). Die Unesco ist der Ort einer technischen
Archivierung.

Das intendierte Programm verlangt nach einer Organisation
der Umsetzung, die im Blick auf die praktische Verwirklichung
(Mitarbeiterstab), auf die ökonomischen Voraussetzungen (Finanzierung und Refinanzierung) und auf die medienrechtliche Gestaltung (Verträge mit Realisatoren, Protagonisten und
Zweitverwertern wie TV-Stationen und Einzelnutzern) angelegt wird. Die Mittel wären locker vorhanden, wenn sie denn
eingesetzt würden für dieses Unterfangen.

Anders herum: Wer von der Notwendigkeit einer solchen
Speicherung des Weltwissens (P) als potentieller, in Vorleistung
gehender Investor überzeugt ist (O), wird darauf setzen, dass
die audiovisuellen Möglichkeiten (T) hierfür genutzt werden.

Magisches Drei-
eck des Archivs
des „praktischen
Weltwissens"

3   Öffentlichkeit

Wo ist die Öffentlichkeit, wo ist der Rezipient in der Dynamik des Prozesses im Magischen Dreieck?

Das Massen-Medium wirkt in der Öffentlichkeit und zwar von allen Seiten des Magischen Dreiecks in sie hinein, je nach Erscheinungsform der Öffentlichkeit mit besonderer Zielsetzung. Wir sahen eingangs schon, dass jeder technische Transportweg einen entsprechenden Kreis von Adressaten erschließt, seinen Ausschnitt einer Öffentlichkeit. Der Kommunikator in der Organisation des Mediums sucht innerhalb dieser Teilöffentlichkeit mit seiner Botschaft, dem Programm, möglichst viele anzusprechen.

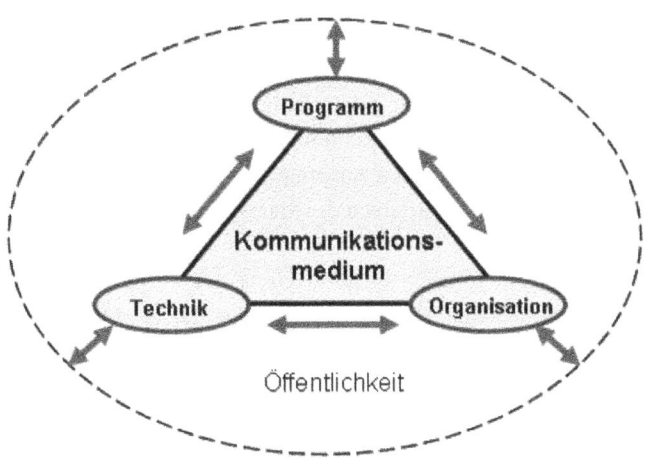

Abbildung 4   Das Magische Dreieck: Öffentlichkeit im Modell der Massenkommunikation

3.1   Der changierende Begriff

Definitionsfallen,
Eingrenzungen,
Abgrenzungen

Die Öffentlichkeit, dieses changierende Phänomen, ist einmal Synonym für die *Gesellschaft,* das andere Mal steht der Begriff nur für eine Erscheinung von deren Teil, nämlich für die *öffentliche Meinung.* Ein weiteres Mal stellt Öffentlichkeit das Merkmal eines Sachverhalts dar, also die Öffentlichkeit eines *Vorgangs,* etwa einer Gerichtsverhandlung oder die Öffentlichkeit eines *Sachverhalts* wie der Geheimdokumente durch Wikileaks. In diesem Sinn als Merkmal eines Sachverhalts oder eines Vorgangs meint Öffentlichkeit Transparenz.

Öffentlichkeit als Transparenz der Standpunkte und Alternativen ist Dynamit für geschlossene kommunikative Systeme – Iran, China, DDR – oder für undemokratische wie vordem in Chile, Myanmar oder teilweise noch heute in der arabischen Welt mit der überragenden Bedeutung der Technik von Handy, iPhone und Internet.

Und dann ist Öffentlichkeit auch das Gegenstück zur Privatheit, etwa mit allen Folgen der Güterabwägung dazwischen, am direktesten bei Fotos von Privatpersonen in öffentlicher Ausstrahlung (siehe 5.5.).

So erscheint also die Öffentlichkeit als Summe der Rezipienten und als reagierendes Publikum. Gleichzeitig scheint sie in ihren unterschiedlichen Ausprägungen jeweils auch in einer der drei Ecken oder Variablen des Magischen Dreiecks auf. Hier sei nur angedeutet:

Öffentlichkeit steckt in der *Technik* der Verteilung an sie oder im Rückkanal, steckt im *Programm* z. B. als Quote oder als Beeinflussung. Öffentlichkeit ist deshalb sofort in der Intention zu orten, welche die *Organisation* von Recht, Ökonomie und konkreter Medienstruktur prägt.

So umschließt die Öffentlichkeit das Magische Dreieck des Mediums wie ein Kreis, auf dessen Boden das Medium steht, in dessen Mitte es wirkt.

Hier setzen die sozialwissenschaftlichen Verfahren an.

Hier forschen die Sozialpsychologie, die Pädagogik, die Po-

litologie, die Marktforschung und natürlich Soziologie und
Kommunikationswissenschaft.

Die Buntheit des Öffentlichen macht das Adjektiv mit sei- Was alles „öffent-
nen Verbindungen deutlich, die allesamt zum Gesamtbild Öf- lich" ist
fentlichkeit beitragen:

Öffentliche Ämter sind Staatsbediensteten als Organen der
Staatsgewalt in Exekutive, Legislative und Jurisdiktion vorbehalten, während der *öffentliche Dienst* alle Beamten und Ange-
stellten von Bund, Ländern, Gemeinden und öffentlichen Kör-
perschaften meint.

Eine *öffentliche Aufgabe* wird den Medien zuerkannt wegen
deren Funktionen des Artikulierens, Informierens und Kom-
mentierens (siehe unten Abschnitt II, Kapitel 5) und damit
ihres Einflusses auf die Bildung der *öffentlichen Meinung*.

Öffentliches Recht ist seit Ulpian, dem altrömischen Rechts-
gelehrten, das Recht der Über- und Unterordnung in der res
publica, das Recht hoheitlichen Handelns, im Gegensatz zum
Privatrecht mit seinen Rechtsbeziehungen auf gleicher Ebene.
Wenn einem Vorgang *öffentliches Interesse* zugebilligt wird, hat
dieser im Straf- wie im Verwaltungsrecht besondere Bedeutung.
Der *öffentliche Glaube* meint im Recht das Vertrauen, das man
in amtliche Urkunden wie Register, Grundbuch oder Erbschein
haben kann.

Im Finanzsektor spricht man von *öffentlichen Einnahmen*
oder *öffentlichen Ausgaben* (Staatsetat), von *öffentlichen Schul-
den, öffentlichen Investitionen* und von *öffentlichen Aufträgen;*
die *öffentliche Hand* benennt den Staat als Wirtschaftsfaktor,
ebenso tut dies der *öffentliche Sektor*.

*Öffentliche Büchereien, öffentliche Plätze, öffentliche Veran-
staltungen* sind allgemein zugänglich. *Öffentliche Schulen* sind
das Gegenstück zu privaten Schulen, die im Grunde auch öffentlich sind, hier wird auf die Trägerschaft abgestellt.

Öffentliche Sicherheit und Ordnung bezeichnet eine staatli-
che Zielvorstellung für die Gesellschaft.

Es ist schon fast ein *öffentliches Ärgernis* – um diesen Begriff.

3.2   Formen der Öffentlichkeit

Das Festtagsgerede von der Presse oder den Medien als Vier-
ter Gewalt, um sich vor ihnen zu verbeugen und ihre Macht
darzutun, verkennt, dass mit den Gewalten die drei Staatsge-
walten gemeint sind. Dorthin gehören die Medien nur in dik-
tatorischen Regimen. Medien sind bei Lenin der „Transmis-
sionsriemen" der den Staat tragenden Einheitspartei hinein in
die Gesellschaft, ins Paradoxon einer geschlossenen Öffentlichkeit. Selbst in diesem System haben die Medien keine Macht,
sondern eine lediglich dienende Funktion als Regierungsin-
strument. Das Missverständnis der Festtagsredner hängt auch
mit der öffentlichen Aufgabe zusammen, die für die Öffentlichkeit zu erfüllen ist (vgl. u. 5.1.). Im demokratischen Rechtsstaat stehen die Medien als Repräsentanten der Öffentlichkeit,
als Träger und Vermittler einer öffentlichen Meinung den drei
Gewalten gegenüber, vergleichbar allenfalls Nichtregierungs-
organisationen (NGOs) als Gegengewicht verschiedener Teil-
Öffentlichkeiten.

3.2.1

„Öffentlichkeit" kennt vielfältige Bedeutungen, die aus unterschiedlichen geschichtlichen Phasen stammen, von „bestimmten Stufen der bürgerlichen Publizität" (Ernst Manheim, Aufklärung und öffentliche Meinung, Neuausgabe Stuttgart 1979
der Erstausgabe von 1933, der Autor ging ins Exil).
    Analog zu den Veränderungen der Gesellschaftsstrukturen
unterliegt auch der Öffentlichkeitsbegriff diesem Wandel. Die
Erscheinungsformen der Gesellschaft zu kennen, erleichtert
das Verstehen der Wechselwirkungen im Magischen Dreieck:
Wechselnde Öffentlichkeitsstrukturen wirken nämlich auf die
mediale Organisation der Vermittlung ein und verlangen nach
bestimmten Themen und Botschaften, genauso wie die tech-

nischen Möglichkeiten der Vermittlung bestimmte Strukturen
von Öffentlichkeit oder Teil-Öffentlichkeiten hervorrufen.

In den antiken griechischen Stadtstaaten spielte sich das öf-   Die historische
fentliche Leben auf der Agora ab. Zunächst soll dieser Name für   Situation
Versammlungen des Volkes oder des Heeres gegolten haben, der
dann auf den Markt- und Versammlungsort übertragen wurde.
Die Agora in jeder größeren Polis, so in Athen, Sparta, Priene
oder Milet, war auch Ort der Religion, des Kults und der Repräsentation. So waren diese Plätze von Tempeln, Säulenhal-
len, Statuen und Heiligtümern architektonisch gestaltet. Das öffentliche Leben in der Polis mit Diskurs, Meinungsbildung und
Entscheidung hat es mit der „Politik" als Ableitung bis in die
Gegenwart geschafft. Allerdings partizipierte an diesem öffentlichen Leben nur ein kleinerer Teil der Bevölkerung, die freien
Bürger. Frauen, Kinder, Sklaven und alle Männer, die noch für
ihren Haushalt, Oikos, arbeiten mussten, waren gebunden an
ihre privaten Sphären. Nur die private ökonomische Autono-
mie befreite zur Teilhabe am öffentlichen Leben. Das Verständnis von Öffentlichkeit war von der Privatheit stark abgegrenzt.
Öffentlichkeit ist auf die Agora nicht fixiert, es gibt sie auch in
Gesprächen, bei Gericht, bei Wettkämpfen. Dieser (teil)öffent-
liche Diskurs verleiht als „Agora" auch heute noch manchen
Periodika ihren Namen.

Ganz ähnlich dem „Forum" des antiken Rom. Dabei hat
sich die Bezeichnung des konkreten, geeigneten Orts für Wa-
renumschlag und Dienste und auch für Versammlungen zum
Begriff für Zusammenkünfte und deren geistige Plattform ab-
strahiert. Aus historischen Überlieferungen und aus den Resten
des Forum Romanum mit über 20 Tempelanlagen kann man
lesen, was da alles für das Marktgeschehen, für Religion und
Kult, was von Herrschern zur Selbstverherrlichung, für Repräsentation und Volksversammlungen errichtet wurde. Die Rolle
der Öffentlichkeit war von Beteiligung an Gerichtsverfahren
abgesehen eine eher passive, eine bestätigende.

Im Mittelalter und über die Renaissance bis in die Barock-

zeit der Gegenreformation war vor allem die Kirche der Ort der
Öffentlichkeit. Beide im Konsens waren fähig zu den großen
Kulturleistungen der Dome und Kathedralen, der Stadt- und
Dorfkirchen überall und zu deren plastischer und malerischer
Ausstattung. Diese Kulturleistungen waren auch dem Stolz der
Stände in der Bürgerstadt geschuldet.

Mit der Reformation entsteht eine öffentliche Bewusstseinsbildung, die konfrontativ verläuft, die aber im Fürstenstaat und
mit dem Prinzip des „Cuius regio, eius religio" wieder gegängelt
wird. Manheim (a. a. O.) beschreibt die Gesellschaft vom Mittelalter bis ins 19. Jahrhundert hinein als Mehrzahl von speziellen,
örtlichen und partikularen Gebilden verkörpert in engen Ver-
bänden. „Gesellschaft", auch „Öffentlichkeit" sei noch im 18. Jh.
ein „historischer Anachronismus", sie entstünden erst im 19. Jh.
als eine, „gleichsam souveräne Lebenstotalität". Da habe sich
das Wesen von Gesellschaft in der Bipolarität von Staat und
Gesellschaft, Individuum und Gesellschaft und Gemeinschaft
(z. B. Familie) und Gesellschaft (Unterscheidung von Tönnies)
verdeutlicht.

Auflösung der Konturen

Im Übergang vom 19. ins 20. Jahrhundert geben sich Verbände mit kollektiv organisierten Privatinteressen politische
Gestalt, und Parteien wachsen mit Staatsorganen zusammen,
so dass beide, Verbände und Parteien, sich *über* der Öffentlichkeit etablieren, deren Instrumente sie einst waren (J. Habermas,
Strukturwandel der Öffentlichkeit. Untersuchung zu einer Kategorie der bürgerlichen Gesellschaft, neu 1987). Nach dem Li-
beralismus löse nun der Kapitalismus die Konturen von Öffentlichkeit und Privatsphäre auf. Habermas sieht die Sphäre des
„Sozialen" mit der Ausbreitung der marktwirtschaftlichen Prin-
zipien entstehen. So entfalte sich die bürgerliche Öffentlichkeit zwischen Staat und Gesellschaft, aber bleibe zunächst Teil
des privaten Bereichs (a. a. O., SS. 225 ff). Unter anderem Blickwinkel sieht er die sozialstaatliche Transformation des libera-
len Rechtsstaats als Veränderung der politischen Öffentlichkeit
in halbprivat und halböffentlich (a. a. O., SS. 326 ff). Das Prinzip der Öffentlichkeit sei die kritische Publizität, die aber verlo-

ren gehe, weil sich Öffentlichkeit als Sphäre ausdehne und den privaten Bereich aushöhle. Die wechselseitige Durchdringung von Staat und Gesellschaft löse die Privatsphäre auf, die Konkurrenz organisierter Privatinteressen dringe in die Öffentlichkeit ein. Das Publikum werde in diesen Kreislauf der Macht nur sporadisch einbezogen und „nur zu Zwecken der Akklamation" (a. a. O. S. 268). Dieser pessimistischen Sicht zum Trotz, deren Grundlinie „Zerfall bürgerlich wirksamer Öffentlichkeit" zuzustimmen ist, gibt es immer noch Alternativen im demokratischen Prozess, welche die Medien herauszuarbeiten haben.

Schon bei der Vorstellung des Modells des Magischen Dreiecks wurde deutlich, dass technische Transportwege, wertneutral betrachtet, je eigene Kreise von Adressaten erschließen, ihren also technisch bedingten Ausschnitt einer Öffentlichkeit. War das Fernsehen dabei, Konturen dieser Zielgruppen aufzulösen, so zeichnen sich bei jeweils neuen Formen der Internetnutzung solche Teilöffentlichkeiten wieder ab.

Die Wirksamkeit der Teil-Öffentlichkeiten

Vor allem aber scharen sich Ausschnitte des Publikums um Inhalte, um das Programm, das seinerseits Gruppen prägend wirkt.

Teil-Öffentlichkeiten spielten in der Neueren Geschichte eine nicht unbedeutende Rolle. Aus der politischen Romantik erwuchsen pluralistische Öffentlichkeiten. Die proletarische Öffentlichkeit der Arbeiterbewegung wirkte mit politischen Konsequenzen aus dem Marxistisch-Leninistischen Überbau bis in die globale Ost-West-Konfrontation.

Die Führungsebenen im 18. Jh. stammten aus den Sozietäten von Gewerbe, Handel, Militär und Verwaltung und bildeten sich zum mächtigen „Dritten Stand" neben Aristokraten und Klerikern heraus, wohl etwa 98 % der Bevölkerung, und förderten die Aufklärung in ihren relativ autonomen Kommunikationszirkeln.

Heute sprechen viele spezielle Medien eigene Publikumsgruppen an, z. B. im Bereich Sport und hier wieder differenziert nach Sportarten. Golf etwa lässt neue Subgesellschaften

entstehen, ein interessantes Zielpublikum für PR. Wirtschaft
und Finanzen, Kultur, Politik, Wissenschaft, all diese Bereiche
versammeln Teil-Öffentlichkeiten, die sich doch meist über-
schneiden.

Manheim beschreibt die relevanten Teilöffentlichkeiten aus
„formalsoziologischer Sicht" (a. a. O.), so die *esoterischen Bünde*
mit der starken Rolle der Freimaurer etwa und der Wucht ge-
heimbündlerischer Binnenkommunikation, heute durchaus
auf Erscheinungen wie Scientology übertragbar. Er zählt als
nächstes *intim-politische Verbindungen* auf mit ihrer taktischen
Orientierung am Gegner, mit einem Optimum an Wissen und
Wollen und totalem Einverständnis bei der Kommunikation.
Seinen vielen historischen Beispielen könnte man starke Be-
freiungsorganisationen oder kriminelle Vereinigungen wie die
RAF oder die NSU anfügen.

Er nennt *die pluralistische Öffentlichkeit* als Kategorie, bei
der sich „das öffentliche Einverständnis um eine Mehrzahl qua-
litativ verschiedener Willensgehalte" gruppiert, während der
Typus der *qualitativen Öffentlichkeit* im Gegenteil immer dann
entsteht, wenn eine besondere Schicht, etwa eine Gesinnungs-
gemeinschaft zur Trägerin einer universalen politischen und
gesellschaftlichen Ordnung wird, heute auf die Islamische Republik Iran oder Staaten mit Rechtsordnungen anwendbar, die
religiösem Fundamentalismus mit eingeschränkter Kommuni-
kationsfreiheit entspringen.

Hierzu im Gegensatz sei in der *transzendentalen Publizität* als einer Schicht des Begriffs „Öffentlichkeit" entscheidend,
dass die „öffentliche Diskussion, das öffentliche Gespräch, zu
deren Lebensfunktionen" gehöre, und sich frei eine öffentliche
Meinung bilden könne – mit deren begrifflichen Unschärfen
und Einschränkungen, möchte man hinzufügen.

3.3 Annäherung an die „öffentliche Meinung"

Sein vom Autor verehrter Lehrer, der Mediziner, Historiker, Journalist und Hochschullehrer Otto Bernhard Roegele, der den Weg von der Münchner Zeitungswissenschaft als „Zeitgespräch der Gesellschaft", wie er sie übernahm, zur Kommunikationswissenschaft gebahnt hat, gestand für das Fach ein: Die Kommunikationswissenschaft, auch in ihren Ausprägungen von Zeitungswissenschaft oder Publizistik, konnte „die öffentliche Meinung" ebenso wenig gültig definieren, wie es der Medizin mit der „Gesundheit" gelingt und den anderen alterwürdigen Disziplinen mit ihren zentralen Gegenständen. Habermas fasst es bissig: „Unter dem Zugriff der empirischen Techniken hat sich das, was der public opinion research eigentlich fassen sollte, als unfassbare Größe aufgelöst." (a. a. O., S. 54)

Gerade in unserem sensiblen Fach weicht man besser Definitionsfallen aus und erklärt zur notwendigen Verständigung einen schillernden Begriff durch Enumeration und durch Abgrenzung statt Eingrenzung oder man sucht die Annäherung mit dem Blick auf die Entwicklung des Begriffs.

3.3.1

Die Wurzeln der öffentlichen Meinung reichen als Erscheinung sicher so weit in die Menschheitsgeschichte zurück, bis die Notwendigkeit einer Selbstorganisation offenbar wurde. Als Begriff taucht sie in der Neuzeit bei Chr. Thomasius auf, der im Rahmen eines Hexenprozesses von persuasio publica sprach. Als opinion publique ist die Bezeichnung Ende des 18. Jahrhunderts in Frankreich für Regierungsgeschäfte eingesetzt, ganz ähnlich den vielen eben gesehenen Zuordnungen von „öffentlich" zum staatlichen Bereich bei uns noch heute, wie auch „public" im Anglo-amerikanischen, bis sie sich im weiten Bogen zum Gegenstück wandelt, zu den „zum Publikum versammelten Privatleuten" (J. Habermas).

historische
Entwicklung

Die bürgerliche Emanzipationsbewegung vom 18. ins 19. Jh.
hinein mit ihrer Forderung nach Freiheit und Gleichheit ge-
dieh auf dem Boden der Aufklärung. J. Locke räumte als dritte
Quelle für Gesetze neben der göttlich-naturrechtlichen und der
staatlichen auch der Urteilsbildung der Vielen diese Rolle ein.
Kant verstand darunter den „öffentlichen Gebrauch der eigenen
Vernunft", wobei die Einschränkung galt, dass es sich um Sachverhalte von allgemeinem Interesse handle und um Äußerungen von am gesellschaftlichen Leben beteiligten Bürgern, Männern, wie man das damals sah. Diese Äußerungen setzen sich
der Kritik und damit einer öffentlichen Kontrolle aus. So war
öffentliche Meinung im 19. Jh. „gewissermaßen die Resultante
aller Privatauffassungen, sofern diese sich nicht bloß auf das
partikulare, einzelne Interesse einer bestimmten Clique, sondern auf das langfristige und wohlverstandene Eigeninteresse
der bürgerlichen Klasse selbst bezog" (K. Lenk, Politische Soziologie. Strukturen und Integrationsformen der Gesellschaft,
1982). Dabei verkörperte diese Klasse vermeintlich die gesamt-
gesellschaftlichen Anliegen. Weil sich aber selbst diese Klasse
immer weiter ausdifferenzierte, zerfällt sie nun in verschiedene
soziale und politische Interessen und Gruppen, so dass dann
auch die sich widersprechenden Meinungen, Absichten und
Forderungen als öffentliche Meinung, mithin als Summe öffentlicher Meinungen verstanden werden müssen. Aufklärer sahen
eine, wenn auch diskursive Vernunft wirken, wo sich seither
die Positionen argumentativ oder manipulativ gegenüberstehen. Jedenfalls brach das Bürgertum mit der Herausbildung
einer im Grunde gemeinsamen Position das Meinungsmono-
pol absolutistischer Regierungen und des weltliche Macht aus-
übenden Klerus. Die Emanzipation von staatlicher und kirch-
licher Zensur war durch Akademien wie auch Geheimbunde,
durch Salons und Kaffeehauskultur gefördert, vor allem aber
durch den technischen Wandel bedingt: Flugblätter, Zeitungen,
Zeitschriften, Bücherproduktion wirken in den privaten Raum,
in die Bereiche von Moral und Lebensführung und auch von
politischen Haltungen. Sie beflügeln die Gedanken des Natur-

rechts und damit die Ideen der Französischen Revolution und des Vormärz in Deutschland.

3.4 „Bewusstseins-Industrie"? – Unterbewusstseins-Industrie!

Mit dem nächsten Techniksprung im 20. Jahrhundert erscheint die öffentliche Meinung immer mehr als das durch diese Techniken vermittelte Programm, das auch zum Movens für gewinnorientierte Unternehmen wird. Das Magische Dreieck pulsiert immer schneller. Die Pluralisierung hat längst die Gegenposition bürgerlich – proletarisch durch eine Vielzahl von Meinungsträgern und -vermittlern aufgelöst. Schallplatte, Film, Radio, Rotationsdruckmaschinen, Fernsehen, Tonkassetten, Videokassetten, CDs, DVDs, Blue Rays, schließlich das Internet treiben die Entwicklung der Massenmedien voran.

Der Begriff der „veröffentlichten Meinung" will korrigierend ein Bewusstsein herstellen gegenüber einer herrschenden Meinung – begrifflich aus der Wissenschaftssprache der Juristen – und will einer Instrumentalisierung des Begriffs öffentliche Meinung bzw. einer Berufung hierauf vorbeugen. Und auch das „Anders-möglich-sein" erleichtern (N. Luhmann). Die Öffentlichkeit sei „Teil der Interessenkonkurrenz", die „sozialpsychologische Auflösung" erweise den Begriff „der öffentlichen Meinung als staatsrechtliche Fiktion" (Habermas, a. a. O., S. 343).

Allerdings ist eine Gegenbewegung gegen die Partikularisierung spürbar. Zu den angesagten, eher euphorischen Modewörtern der Jugendsprache gehört heute auch „peinlich". Es scheint der Anpassungsdruck für normiertes Verhalten zu wachsen. Wenn Werbung und Unterhaltung und diese mit der Information zum Infotainment verschwimmen, dann schlägt die „Bewusstseins-Industrie" (Enzensberger) um in eine *Unterbewusstseins-Industrie,* wie das Wirken des Gros der Medien hier bezeichnet werden soll. Die Unterbewusstseins-Industrie normiert das Alltagsverhalten.

Anpassungsdruck als Gegenbewegung

Ein Zweites unterstützt den Anpassungseffekt: Wenn unendlich viele Informationen zur Verfügung stehen, könnte man die unangenehmen leichter ausblenden, denn es gibt ja auch genügend von denen, die man leichter akzeptieren kann. Das verringert als eine Form der kognitiven Dissonanz, der Lehre der psychologischen Ausblendung und Zuwendung, den Lerneffekt und kann ein nivellierendes Abstumpfen befördern.

Und dann gibt es noch diese Opfer der anheimelnd schmusenden Geselligkeit.

Der Coup von Facebook Sechs Milliarden Euros stecken 2011 allein in der Online-Werbung in Deutschland. Facebook hat zu diesem Zeitpunkt weltweit 800 Millionen Mitglieder vorwiegend in der jungen Generation. Die spezielle Technik (T) hat sich „ihre" Teil-Öffentlichkeit für das Programm des persönlichen Austauschs gesucht (P), der allerdings nicht privat bleibt, sondern in der Organisation als Profilabdruck registriert wird (O), aber von dort auch wieder seinen Ausgang nimmt. In einer Welt der Entfremdung wächst das Bedürfnis nach Selbstaufwertung durch ein Mehr an leicht zu handhabenden persönlichen Beziehungen, an Gedankenaustausch, an „Freunden". Da hat Facebook die unpersönliche Produktwerbung so raffiniert individualisiert, dass die Artikel nun untereinander weiterempfohlen werden gemäß dem unterschwelligen, aber von den Mitarbeitern des Gründers und Vorstandsvorsitzenden Mark Zuckerberg ausgesprochenen Motto: „Du weißt noch nicht, dass du das willst, aber wir zeigen dir, dass du es dir wünschst." Deshalb seien die Teilnehmer auch nicht Suchende, sondern Findende. Ein Drittel dieses Umsatzes wird in der Zentrale in den USA verdient. Kritiker meinen, die Mitglieder werden zu Waren, nachdem sie ihre Rechte an allem, was sie ins Netz einstellen, abgetreten haben.

In und Out Je weiter sich die Massenmedien entwickeln, desto deutlicher wächst der Unterhaltungsanteil an ihrem Gesamtprogramm, kommerzielle Interessen bedienend und über deren Einnahmen das gesellschaftliche Unterhaltungsbedürfnis wieder fördernd. Parallel zu dieser Programmentwicklung etablieren sich als Fächer „Medienökonomie" und „Public Relations".

Die öffentliche Meinung wird immer stärker unterhaltungsge-
prägt. Moden, Trends, „Superstar"- und „Topmodel"-Kreierung,
„Ins" und „Outs", die Symbole von auf oder ab der Daumenhal-
tung als Vorgabe einer Richtung hinterlassen ihre Spuren auch
in der Politik, sind für Typen und für Entscheidungen bedeut-
sam. Die gesellschaftlich relevante Inhaltsleere amerikanischer
TV-Programme spiegelt sich in den Wahlkämpfen. Bei uns gilt
ähnliches für die Macht des Boulevards durch Selektion und
leuchtend rot gedruckte Schwarz-Weiß-Wertungen, denen die
Qualitätsmedien oft hinterher laufen.

Das Meinungsklima im Wechsel von Hochs und Tiefs, von
Anerkennung und Aufmerksamkeit gegenüber einer sich verstärkenden Thementabuisierung beschreibt Elisabeth Noelle-
Neumanns Modell der Schweigespirale (Die Schweigespirale,
Öffentliche Meinung – unsere soziale Haut, München, Zürich
1980, vgl. hierzu unten 4.7.). Die Themen- und Meinungstabus
verstärken sich unter dem öffentlichen Druck der jeweils vor-
herrschenden Meinungsmacht. Als „Schöpfer des Begriffs ‚öffentliche Meinung'" betrachtet sie Rousseau, der diese These
mit seiner Beschreibung der opinion publique als „Feind des
Individuums und Schutz der Gesellschaft" unterstütze (a. a. O.,
S. 260).

Zudem sind die Individuen als Wortführer im Zeitgespräch der Gesellschaft abgelöst von Meinungsproduzenten
mit hohem Finanzeinsatz und ebensolchem Organisationsgrad.
Jürgen Habermas sieht „statt individuell verkehrender Privatleute ein Publikum der organisierten Privatleute". Umso wichtiger wird die Selbstreflexion bei den der Gesamtgesellschaft
verantwortlichen öffentlich-rechtlichen Rundfunkanstalten für
ein pluralistisches und gleichzeitig integrierendes Programm.

Die öffentliche Meinung kann in eine Welt von „Massen-
Eremiten" (G. Anders) zerfallen, die ohnmächtig dem Konsum
der ins Haus gelieferten Welt ausgeliefert sind. Entfremdung
von der Welt geschieht durch Programme dieser Technologie,
durch die TV- und Internetsparte der virtual reality mit ihrer
Suggestionskraft, durch Technik per se, durch Arbeitsformen,

selbst durch Fastfood. Ulrich Beck resümiert: Wenn die Rea-
lität irreal und unwirklich werde, dann „bedarf es zum Leben
und Handeln in ihr symbolischer Kristallisationen …, um die
Fasslichkeit des Unfassbaren kulturell herzustellen" (Gegengifte.
Die organisierte Unverantwortlichkeit, Berlin, 1990, 3.)
Aus der öffentlichen Meinung wird eine öffentliche Stimmung.

3.5   Mit dem Magischen Dreieck Mut zur Definition

Der Zirkelschluss
der Beobachter

Was bei der Literaturflut zu „Öffentlichkeit" und „öffentlicher
Meinung" auffällt, ist dies: Beide Begriffe stützen sich gegenseitig, wenn der Begriff Öffentlichkeit aus dem Blickwinkel der
Artikulierung von Meinungen und Interessen größerer Men-
gen oder Teilmengen der Bevölkerung herausdestilliert wird,
mithin aus dem Phänomen einer öffentlichen Meinung, und
sich Öffentlichkeit so letztlich durch die Herausbildung einer
öffentlichen Meinung konstituiert. Für diese ist aber notwendiger Ausgangspunkt der Überlegungen das Vorhandensein von
Öffentlichkeit. Auch wenn es für die Sozialwissenschaften eine
Provokation sein mag: Es handelt sich um einen Zirkelschluss.
Hier liegt kein Rückkopplungs*prozess* vor, denn die Beobachtungen liegen auf definitorisch-begrifflicher Ebene, auf der Be-
trachtungsebene und nicht auf der betrachteten Ebene, nicht
auf der beobachteten Realität. Diese ist der Kommunikationsprozess.

Also doch: Ver-
such, die Realität
zu fassen

Hier ließe sich das Modell des Magischen Dreiecks einset-
zen, um nach den Äußerungen von Meinungen und Interessen (P.) unter spezifischen kommunikationstechnischen Bedingungen (T.) durch Kommunikatoren vermittelt (O) zu fragen.

Weil die Versuchung einer Begriffsbestimmung nach diesem
Modell (vgl. Grafik 2) groß ist, hier der Vorschlag:

Öffentliche Meinung ist

- die in einer kulturell und zivilisatorisch überschaubaren Gesellschaft
- durch Wellen – des Schalls, der optischen Lichtbrechung und der Elektronik, also durch Sprache, Zeichen, Schrift, Bild, Film, Druckerpresse, Radio, TV, Internet (also *Technik*)
- von Kommunikatoren verankert in Medien – das kann auch das Bildungssystem sein (also der *Organisation*)
- in Wechselwirkung mit den Rezipienten als *Programm* hervorgebrachte Fülle an Meinungen, Interessen und Werthaltungen.

4   Theorienlandkarte

Vermutlich ist es den unterschiedlichen Berufskulturen zuzuschreiben, dass der Fernsehmacher das aus seiner journalistischen Praxis erkannte Modell seit Jahrzehnten zwar in seiner
Lehre einsetzte, bisher aber nicht publizierte, immer auf der
Jagd nach der nächsten und übernächsten Sendung von Dokumentationen oder im Zwang der meist selbst konzipierten und
präsentierten Magazin-Reihen. So kann er **Das Magische Dreieck** gefasst in diesem Denkansatz und Text hier nur als Ver-
mächtnis den jungen forschenden oder Journalismus gestaltenden Kolleginnen und Kollegen widmen.

Dieses Modell lässt sich bis in die unendlichen Weiten
des kommunikativen Geschehens hinein mit Hilfe vorhande-
ner Theorien ausdifferenzieren und ist dennoch bei jeder ans
Kommunikationssystem gestellten Frage spezifisch verkürzt
aktivierbar. Auch wenn man sich an der Peripherie mit einem
Spezialproblem herumplagt, immer muss man dieses Modell
mitdenken. Dazu muss die Landkarte der Theorien in Beziehung gesetzt werden zu diesem Magischen Dreieck.

Wenn man diese *Theorien-Landkarte* doch nur so einfach finden könnte! Die Ansätze, die Perspektiven der Betrachtung, die
sich hieraus entwickelnden Theorien sind so vielfältig und unterschiedlich wie die Formen der Kommunikation vom Augen-
zwinkern bis zum propagandistischen Niederwalzen, vom Lie-
besfilm zum Facebook, von der Buschtrommel zum HandyTV.
US-Amerikaner und Kanadier haben seit einem Jahrhundert
Vorarbeiten zu einer Systematisierung geleistet.

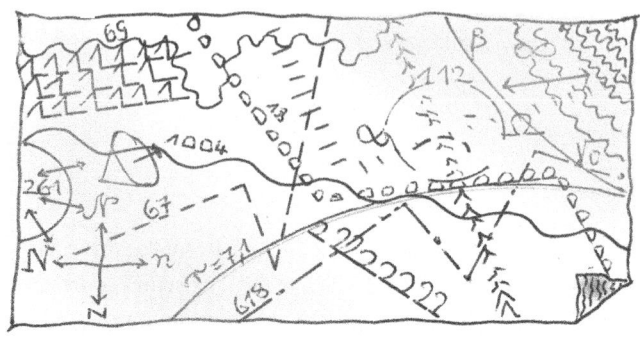

Aus den unterschiedlichsten Wissenschaften fokussieren sich inzwischen deren unterschiedliche Methoden auf den Gegenstand der Massenkommunikation, so dass die Theorien Legion geworden sind, und schon deren Kategorisierung umstritten ist.

Das Magische Dreieck im Kontakthof von Wissenschaft und Praxis

Dennoch kann man nicht umhin festzustellen, dass bei kaum einer Disziplin die Kluft zwischen Wissenschaft und Praxis so groß ist wie bei unserer – nicht in den Natur-, Medizin-, Ingenieurwissenschaften, nicht in Wirtschaft und Recht, nicht in den anderen Geistes-, Sozial-, Sprach- und Kulturwissenschaften. Zu wenige Theoretiker stehen in der Praxis, zu wenige Praktiker in der Wissenschaft.

So haben Theorie und Praxis eine schwierige Beziehung und jedenfalls keinen Sex miteinander. Darum können sie sich auch nicht befruchten. Zu wenige betreten den kleinen Kontakthof. Umberto Ecco hat es getan, Wim Wenders, und etwas schüchtern öffnen sich immer mehr Institutsfenster zum Blick hinunter in den Hof. Der Autor hat keine Scheu mit dem Magischen Dreieck, das sich als Modell und als offen für die Theorien versteht. Es lädt diese als Hybrid zur Anwendung ein und zwingt dabei, um diese drei pulsierenden Zentren von Technik, Organisation und Programm zu denken, und mit einer reagierenden und das System speisenden Öffentlichkeit das Ganze im Blick zu haben.

Engagierte Vertreter des Fachs könnten die Ansicht mangelnder Begegnung der beiden „Kulturen" kritisieren. Doch auch die verdienstvollen methodischen Bauchaufschwünge der Theoretiker machen auf die Praktiker zu wenig Eindruck. Der Input durch entsprechende Medienreferate etwa bei den Sendern ist gering und orientiert sich fast ausschließlich an Quote oder Reichweite (P), wie sie von der Leitung der Medienhäuser (O) erwartet oder gar vorgegeben wird.

(Als Vertreter einer intensiveren Praxis-Theorieverbindung sei Karl N. Renner genannt, der in seinem linguistisch und zeichentheoretisch basierten, erfahrungs- und detailreichen „Fernsehjournalismus – Entwurf einer Theorie des kommunikativen Handelns" (Konstanz, 2007) aus unmittelbarem Kontakt zur Lehre des Autors im komplexen System der Kommunikation eine Trias von drei „Faktorenbündeln" benennt: Zeichen, kommunikative Handlung und Sprecher-Hörer-Beziehung.)

4.1   Von der Einbahnstraße zum Gegenverkehr

In der Kommunikationswissenschaft hat sich bis in die Mitte des letzten Jahrhunderts eine Einbahnstraßensicht vom Kommunikator zum Rezipienten als Forschungsmodell entwickelt. Dies entsprach auch der Publizistikdefinition, wie sie etwa deren Nestor Emil Dovifat vertrat, wo die Publizistik als Faktor der gezielten Beeinflussung erscheint. Die berühmte Lasswell-Formel (1948) „Who says what in which channel to whom with what effect?" war eine hilfreiche Einteilung und Reduktion des zu untersuchenden Stoffes in fünf Variablen, die nachfolgend erweitert und aufgefasert wurden, die aber doch die eine Richtung der Kommunikation durch Massenmedien vorgaben. Diese Stoßrichtung war den starken Einflüssen der Psychologie ins neue Fach mit der Betonung von Reiz und Reaktion als linearem Prozess geschuldet, wirkte noch lange ins Fach hinein und führte immer wieder zu einer Überbewertung der Massenmedien in Bezug auf die politische Beeinflussung.

Doch rasch vollzog sich auch ein Wandel hin zur Einbeziehung der Wechselwirkungen. Das Kommunikator – Medium – Rezipienten-Modell entwickelte sich in beide Richtungen. Gerhard Maletzke dokumentierte diese Rückkopplung in seiner Psychologie der Massenkommunikation (Hamburg, 1963, 1998).

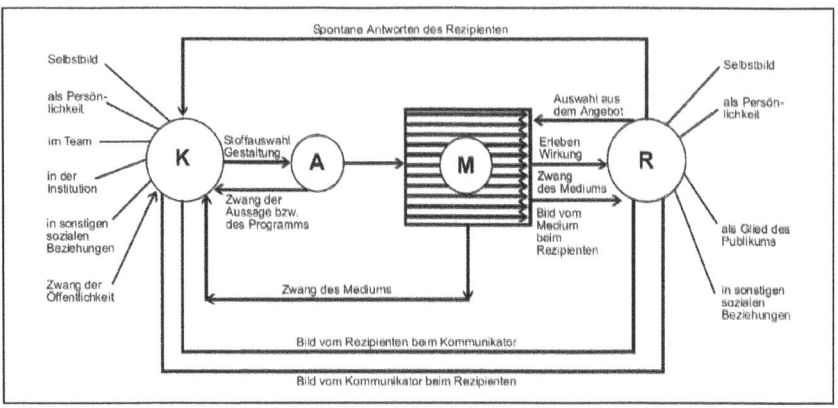

Feldschema nach Maletzke

Dieses gut handhabbare Modell entwickelte Maletzke aus dem nachrichtentechnischen Kommunikationsmodell (Sender-Empfänger-Modell von Shannon und Weaver, 1949) zu seinem aus der Psychologie erweiterten „Feldschema". Dieser Begriff beinhaltet die Interaktion und zeigt das Verhältnis des Kommunikators zu seiner Botschaft, der ins Medium gestellten Aussage, und von dieser zum Rezipienten einschließlich der Rückwirkungen auf. Das Feldschema beschreibt im Magischen Dreieck die Achse Organisation mit Kommunikator über das Programm zum Rezipienten oder zur Öffentlichkeit, berücksichtigte aber zunächst nicht das Beziehungsgeflecht innerhalb des Kristallisationspunkts der Organisation des Mediums und der Medienlandschaft mit Journalisten, Verlegern, Intendanten oder Produzenten, den wirtschaftlichen Bedingungen und dem rechtlichen Rahmen. Das aber hatte Maletzke mit seiner „Psychologie der Massenkommunikation" auch nicht beabsichtigt. Heinz Pürer bestätigt diese hier kritisch gesehene Einschränkung (Einführung in die Publizistikwissenschaft: Systematik, Fragestellungen, Theorieansätze, Forschungstechniken, Konstanz, 1998). Auch ist die fundamentale Bedingung der jeweiligen Technik des Massenmediums bzw. auch der intern eingesetzten Technologien nicht direkt in den Wirkkreis eingeschaltet bei dieser Betrachtung der Wechselwirkung von Kommunikator und Rezipient. So wurde dieses Modell immer wieder um Einzelaspekte erweitert.

Den Gegenverkehr auf einer weiteren Ebene vertrat Hans Wagner in der Zeitungswissenschaft am Münchner Institut mit seiner „Ausgangspartner – Zielpartner – Theorie", der zufolge der Zielpartner, zum Beispiel ein Politiker, der in den Medien durch einen politischen Gegenspieler angegriffen wird, wieder Ausgangspartner wird für seine entsprechende Botschaft an den ursprünglichen Ausgangspartner, jetzt als Zielpartner, der wiederum Ausgangspartner wird. Und so fort. Das Spiel läuft über die Bande – die Abprallwand beim Eishockey – des Publikums rundum; die Medien sind nicht nur eingesetzte Mittel der Kommunikatoren, sie werden so auch zu Instrumenten der präsentierten Protagonisten (gezeigt in T. Steiner, TV-Magazin „Aus Forschung und Lehre", BR, 1976).

4.2 Von der Kybernetik zur Systemtheorie

Franz Ronneberger übernahm für seine Funktionenbetrachtung der Medien das kybernetische Rückkopplungsmodell aus der Schule von Norbert Wiener, der Mitte des 20. Jahrhunderts die Kybernetik maßgeblich mitbegründete. Wie der Fliehkraftregler bei der Dampfmaschine oder der Thermostat beim Heizsystem regelnde Rückkopplungen auslöst, um in labilen Systemen den Istzustand dem Soll immer wieder anzugleichen, so stellen wir in Systemen der Mechanik, der biologischen Organismen wie der sozialen Umwelt steuernde Rückkopplungspro-

zesse als Wechselwirkungen fest. Das Wort Kybernetik will dies
erfassen, leitet es sich doch vom griechischen kybernétes für
Steuermann und kybérnesis für Herrschaft oder Leitung ab.

Im Verlauf dieser Betrachtung von Zusammenhängen hat
sich aus der Kybernetik die Systemtheorie herausgebildet, mit
der Niklas Luhmann in Disziplinen wie Soziologie, Kommunikationswissenschaft, Politik, Recht, auch Religionswissenschaft
hinein deutliche Spuren hinterließ.

Hat die KW
die Deutungs-
hoheit an die
Systemtheorie
verloren?

Siegfried Weischenberg schreibt in „Niklas Luhmanns Den-
ken" (Helga Gripp-Hagelstange, Hg., Konstanz 2000, S. 157 ff,
S. 163) „die Publizistik- und Kommunikationswissenschaft bzw.
Journalistik (hat) ihr Zuständigkeitsmonopol für das Thema
‚Medien und Journalismus' längst" an eine konstruktivistische
Systemtheorie externer Fächer „verloren".

Stefan Weber (Theorien der Medien, Konstanz 2003) legt
folgendes Raster an: Techniktheorien, Zeichen- und Kultur-
Theorien, ökonomische, kritische, konstruktivistische, feminis-
tische, psychoanalytische, poststrukturalistische und medien-
philosophische Theorien. Für alle die sei der Theorienraum der
Medienwissenschaften die Komparatistik.

Alle diese Theorien können an das aus praktischer Anschau-
ung gewonnene Modell des Magischen Dreiecks andocken und
dabei den kybernetischen Zusammenhang erkennen.

4.3   Aspekte der Theoriebildung

Gerhard Maletzke plagte sich 40 Jahre um eine solche Theorienlandkarte. Er meint in seiner Synopse der „Massenkommunikationstheorien" zusammenfassend (a. a. O., S. 68): „An
Modellen mangelt es der Kommunikationswissenschaft nicht.
Doch scheint die Modellbildung dieser Disziplin ihren Höhe-
punkt überschritten zu haben." Immer wolle man die erarbei-
teten Einsichten in einen sinnvollen Zusammenhang bringen.

So komme es zu einer dialektischen Bewegung zwischen Modellbildung und Einzelforschung. „Insofern scheint es nicht ausgeschlossen, dass sich nach einiger Zeit wieder ein Bedürfnis nach Zusammenschau und Überblick und damit auch nach neuen Modellen einstellt."

Andere wie Krallmann und Ziemann (D. Krallmann/A. Ziemann: Grundkurs Kommunikationswissenschaft, München 2001) unterscheiden in die naturwissenschaftliche Perspektive mit der Informationstheorie, in die sprachwissenschaftliche und die sozialwissenschaftliche Perspektive.

Anders gehen Günter Bentele und Manfred Rühl als Herausgeber ihrer „Theorien öffentlicher Kommunikation" (München, 1993) heran. Sie differenzieren sieben Theorienfelder aus mit doch sehr unterschiedlichen Ansätzen, die sie als „Widerspiegelung der aktuellen Vielfalt interdisziplinärer Weiträumigkeit publizistikwissenschaftlichen, und darüber hinaus kommunikationswissenschaftlichen Denkens und Forschens" verstehen.

4.4   Rolle der Kommunikationswissenschaft

So wird auch hier die Kommunikationswissenschaft als die übergreifende Disziplin wahrgenommen, welche einschließt die Publizistik, die Medienwissenschaften, die Journalistik als Wissenschaft, die Filmwissenschaften und die vielen spezifizierten Studiengänge, etwa von Medienkultur, Wirtschaftspublizistik, Sportjournalismus, Medienökonomie, Medienmanagement, Medienrecht, Medientechnik usw., die aus ihren Ursprungsfächern herüber wachsen, weil sie alle auf die Kommunikation in der Gesellschaft zielen, also das Magische Dreieck spüren. Hinzu kommen noch die Kombinationen „Medien und Tourismus, Medien und Mode, Medien und Design, Medien und …", die aus dem fruchtbaren Boden von in Deutschland über 300 Unis und Fachhochschulen oft der modischen

KW als Mutter und Stiefmutter aller Disziplinen

Profilierung wegen derzeit sprießen. So ist die Kommunikationswissenschaft die Mutter der aus ihr erwachsenden Disziplinen und die Stiefmutter derer, die sie sich einverleibt.

Exkurs Akkredi-
tierung neuer
Studiengänge

Der Wissenschaftsrat hat schon 2007 vor dem Problem zu
Recht gewarnt: Es ist schick, dem Bedürfnis der jungen Menschen nach einem Beruf mit dem vagen Ziel „irgendwas mit
Medien" immer neue Studiengänge anzubieten. Das könne
weder der Berufsmarkt hergeben, noch können das alle Studiengänge solide leisten.

Umso wichtiger erscheint die Arbeit der von den Hochschulen getragenen Akkreditierungsagenturen. Im Interesse
der Studierenden müssen sie die Struktur und Inhalte der Curricula, die Anzahl der möglichen Studienplätze, die Ausstattung
mit Technik und Bibliotheken, die Qualifizierung der Lehren-
den, das Betreuungsverhältnis Lehrpersonal – Studierende, die
Qualitätssicherung, die Forschungsmöglichkeiten wie auch Internationalität und Praktika und die studentischen Mitwir-
kungsmöglichkeiten analysieren, bevor Akkreditierungen und
Reakkreditierungen für die Bachelor- und Masterstudiengänge
erteilt werden können. Das ist viel bürokratischer Aufwand für
alle Betroffenen, und die Gefahr besteht, dass durch zu viel Regulierung mit dem Ziel der Vergleichbarkeit der Humboldtsche
Geist der Freiheit für Forschung und Lehre, das heißt auch des
Freiraums für Lernen, Denken und Entwickeln, einem Tunnelblick weicht. Aber die Praxis der Überprüfung zeigt doch, wie
groß im Einzelfall die Defizite bei den Studienangeboten sowohl bei Universitäten, als auch besonders bei den (privaten)
Hochschulen mit verliehenem Fachhochschulstatus sind.

KW als integrie-
rende Wissen-
schaft

Otto B. Roegele verstand die Zeitungswissenschaft mit ihrem
missverständlichen Namen nicht nur als Kommunikationswissenschaft, sondern hat diese ausdrücklich als „integrierende
Wissenschaft" bezeichnet, welche die Gegenstände und die Methoden der Philosophie, der Psychologie, der Sozial-, Rechts-,
Geschichts-, Sprach-, Politik-, der Wirtschaftswissenschaften

unter Einschluss der technischen Disziplinen umfasst (Zs Publizistik, 1966, S. 390 ff, 397).

Ulrich Saxer vertritt für die Medienwissenschaften ebenfalls einen integrativen Ansatz. Ohne eine allgemeine Medientheorie, die die gemeinsamen, wesentlichen Aspekte aller Medien einschließt, müssten sich die Einzeldisziplinen für einzelne Medien auf Beschreibungen reduzieren (Medienwissenschaft. In: J.-F. Leonhard, H.-W. Ludwig (Hg.): Medienwissenschaft. Ein Handbuch zur Entwicklung der Medien und Kommunikationsformen, Bd. 1, Berlin New York 1999). Er spricht in der Zusammenschau der Disziplinen von inter- oder transdisziplinärer Theoriebildung, wie sie sich für die Kommunikationswissenschaft in der von der Psychologie übernommenen Lehre von der kognitiven Dissonanz, also der Wahrnehmung des Bestätigenden bei Ausblendung des Abgelehnten, darstellt (L. Festinger: A Theory of Cognitive Dissonance. Stanford, 1957; Martin Irle, Volker Möntmann (Hg.): Leon Festinger: Theorie der kognitiven Dissonanz. Bern 1978; Jürgen Beckmann: Kognitive Dissonanz – eine handlungstheoretische Perspektive. Berlin, 1984). Transdisziplinäre Theoriebildung erfolgte auch in der „Schweigespirale" als sozialpsychologische Konformitätstheorie oder in der integralen Journalismustheorie von Rühl, die sich auf die Systemtheorie stützt, oder in der Theorie der instrumentellen Aktualisierung von Kepplinger, die aus der soziologischen Konflikttheorie abgeleitet wird (Bentele/Rühl, a. a. O., S. 175 ff).

Die Anleihen ohne Zahl verbreitern das Feld der Kommunikationswissenschaft, vervielfältigen den Ideenreichtum und können zugleich ihre Stoßkraft schwächen. Saxer verlangt zu diesen Übergängen transdisziplinäre Kompetenz und Kompatibilitätskontrolle. (Vgl. auch unter 9.6. die Erweiterung der Theorien durch „Grenzdenker" in verwandten Wissenschaften).

Die Ausdifferenzierung der Fächer verlangt zwingend nach der Anwendung eines gemeinsamen Denkmodells. Denn je weiter die Fächer rund um die Kommunikation ihre Zweige zu Ästen eigener Studiengänge ausbilden, desto wichtiger ist es, die Gesamtheit von Wurzel, Baum und Früchten in den Blick

Die Teile zum Ganzen

zu nehmen. Umso weniger kommen sie daran vorbei, das Magische Dreieck als Bezugspunkt und Wirksystem des Kommunikationsgeschehens in ihren Spezialaspekt einzubeziehen.

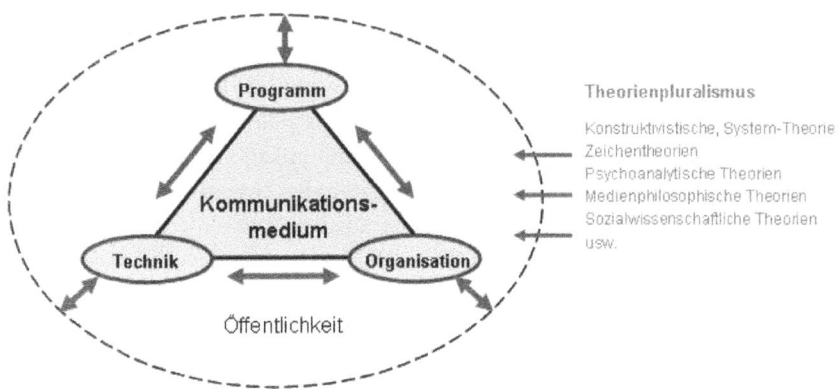

Abbildung 5   Die Theorien können und sollten die Prozesse im Modell des Magischen Dreiecks beobachten

4.5   Die Botschaft als realitätsverändernde Handlung

Klaus Krippendorf (a. a. O., S. 21 ff) übernimmt analog zum Integrationsaspekt unseres Faches Anleihen bei der Philosophie Wittgensteins und dessen Vorstellung, dass Sprache, unser wichtigstes Kommunikationsmittel, eine Handlung darstelle, nicht nur eine Sprechhandlung, und eine Veränderung der Realität bewirke. Er folgert: „Die Annahme, dass Sprache nur beschreibt, macht uns blind zu erkennen, dass die Wirklichkeit, die wir zu erkennen glauben, erst durch sie hervorgebracht wird" (a. a. O. S. 23). Der Satz gilt wertneutral. Von dieser philosophischen Reflexion abgesehen steckt im Begriff der Manipulation, einer *Hand*lung für bestimmte Zwecke, diese Betrachtung ohnehin.

Ein Blick hinüber zu unserem ehemaligen Demokratie-Vorbild USA: Die vorwiegend kommerziellen Medien setzen mehrheitlich weit reichende Handlungen: Sie polarisieren die Nation, statt sie durch Information teilnehmen zu lassen, statt zu integrieren, was ebenfalls eine Handlung wäre. Vorurteile sind ja auch ganz praktische Verkürzungen des Denkens und Sprechens. Auf einen Stoßstangenaufkleber muss letztlich die Botschaft passen: Bumperstickercommunication.

Der reflektierende Fernsehjournalist kann der Position, dass *Sprache* nicht nur Sprechhandlung, sondern Handeln mit sozialer Wirkung sei, nur den Gedanken hinzufügen, um wie viel mehr als Sprache *Bilder* in ihrer Suggestionskraft neue Wirklichkeit entstehen lassen. Ein Bild sagt ohnehin mehr als tausend Worte – in seiner Informationsdichte und in seinem Erinnerungen prägenden Emotionsgehalt – gesteigert noch durch den ans Gefühl appellierenden Audiokanal; der braucht dann keine Sprache, denn die Töne von Musik und Geräuschen genügen für die Rührung an die tieferen Schichten der Wahrnehmung.

4.6   Journalistische Schleppnetze

4.6.1

Weltweit überlagern auch in den Nachrichten von seriösen Sendern die vordergründigsten politischen Scheingefechte und Konflikte die zu lösenden wirklichen Probleme, verwenden die TV-Sender je nach ihrem Anspruch eben Feuer- und Blutbilder zur Akquirierung von Zuschauermassen. Ihre Bild- und damit Nachrichtenselektion vernachlässigt dadurch meist, was wirklich wichtig ist für das Verständnis, für Meinungsbildung und Handlungsweisen.

Ist in Diktaturen mit ihrem Bemühen um einen geschlossenen Kommunikationsraum die Tätigkeit des Nachrichtenredakteurs offiziell mit „Agitation mit Hilfe von Tatsachen" beschrieben (Dusiska: Wörterbuch der sozialistischen Journa-

listik, Leipzig 1973, S. 152), gilt für die Medien in freien politischen und marktliberalen Systemen immer mehr der unge-
schriebene Grundsatz „Akzeptanz durch Aufregung" und seien
es nur die alltäglichen parteipolitischen Konfliktrituale, die jedenfalls kaum Zuwendung zur Politik befördern.

4.6.2

Das Gegenstück
zur „Schere im
Kopf": *Leim im
Kopf*

Journalisten haben als *Meinungsmacher* nicht nur Wim Wem-
bers' *Schere im Kopf* für die Aussonderung. Als Stimmungsma-
cher haben sie durch Außergewöhnliches, Reißerisches, durch
das Verletzen von Intimem, durch Seife schmierende Unterhaltung täglicher Soaps vor allem den Klebstoff im Sinn, *Leim
im Kopf*, der die Massen an ihr Programm anhaften soll. Dieses Bild muss wie das der Schere auch in die Köpfe der Macher
und der Geleimten – zur Selbstprüfung.

Es ist dem Journalismus von publizistischer Intention und
Ökonomie her immanent, möglichst viele Menschen zu erreichen; beim Einsatz von Schleppnetzen und auch von Leim kann
die Ökologie der humanen Fauna Schaden nehmen.

4.7   Gegenstück zur Schweigespirale: „die Schreispirale"

Im Abschnitt zur öffentlichen Meinung war das Thema der
Meinungtabuisierung (bei 3.4.) schon angeschnitten. Tabuisie-
rung auf einer Seite der Gesellschaft potenziere sich durch laute
Anerkennung von Gegenpositionen durch einen anderen Teil
der Gesellschaft, der dadurch stärker erscheine, als diese Position tatsächlich messbar sei. Die Meinungsforscherin Elisabeth
Noelle-Neumann belegt diese ihre Kernthese mit vielen Erhebungen: „Diese Beobachtungen in ihrem Umkreis veranlassten
wieder andere, sich laut zu bekennen oder ihre Ansichten hin-
unterzuschlucken und zu schweigen, bis wie in einem Spiral-
prozeß die einen öffentlich ganz dominierten und die anderen

aus dem öffentlichen Bild völlig verschwunden und ‚mundtot'
waren. Das also ist der Vorgang, den man als Schweigespirale
bezeichnen kann." (a. a. O., S. 18) Dabei erscheine die Isola-
tion als treibende Kraft, die den Prozess der Schweigespirale
in Gang setzt.

Ein gegenteiliges, immer wieder beobachtbares Phänomen
konnte man beim Fall von Bundespräsident Christian Wulff
mit wochenlang auf prominentesten Titel- und Sendeplätzen
dargebotenen Informationen und Informatiönchen erleben. In
der Zeitschrift des Deutschen Journalistenverbands („Journalist", Februar, 2012) las man nach deutlichen Attacken, die einen
Verfassungsverstoß rügten, getitelt mit „Stoppschild überfah-
ren", eine gründliche „Meta-Meta-Ebenenanalyse" des Medien-
trommelns um die Person Wulff von Jan Freitag: „Mal abgesehen vom Eisbären Knut stand die Wucht der Berichterstattung
über ein Ereignis wohl nie zuvor in so eklatantem Missverhält-
nis zu seiner Relevanz". Trotz der generell unterschiedlichen
Bewertung als Medienereignis ist doch verallgemeinerbar festzustellen:

Journalismus und die Wertigkeiten

Das Persönlichkeitsrecht öffentlicher Personen ist nicht von
einem Hochwasser führenden Rubikon geschützt, und die Pressefreiheit ist keine Vorfahrtsstraße für Raser, Bedränger und
(Ehrab-)Schneider des Boulevards nach der Art: „Bild" macht
einen, „Bild" macht einen nieder, und alle jagen hinterher. Dort
die „verwaltete Sprachlosigkeit" (H. Leyendecker) eines leicht-
sinnigen „Beutetiers" (J. Freitag), hier das Jagdhorn zum Halali,
in das etwa zu gleichen Teilen die vier Motive Moral, Schadenfreude, Häme und politisches Kalkül blasen, wenn einer, der im
Lichte glänzt, sich verfehlt.

Die Pressefreiheit ist in Deutschland nicht mehr durch Politiker
bedroht (wohl immer wieder durch Exekutivorgane), das zeigt
die Wucht der medialen Bearbeitung. Die Presse- und Rundfunkfreiheit bedroht sich selbst durch *Verkennung der Wertig-*

keiten auch in Qualitätsmedien, nicht nur in diesem Fall von vielen hundert privatester Anfragen und ihrer Aufblähung zur Medienblase.

Es gibt so viele Überlebens-Themen, die aus dem publizistischen Unterholz nach Aufmerksamkeit schreien und dringend journalistisches Aufspüren erfahren müssten, jedoch vom konjunkturellen Brausen des medial gerade Angesagten übertönt werden.

Wenn, wie bei 3.4. erwähnt, den rot gedruckten Schwarz-Weiß-Wertungen der Boulevardpresse die Qualitätsmedien nachrennen, verstärkt sich dieser Effekt. Das Netz tut ein Übriges, wie gleich bezeugt wird.

Medienautomatismus? Kurzfristig höhere Aufmerksamkeit ja, aber auch: Medienverdrossenheit.

So ist das Gegenstück zum Vorstellungs-Modell der Schweigespirale offenbar eine *Schreispirale*. Andernfalls gäbe es die Schweigespirale nicht. Es ist übrigens das gleiche Schraubengestänge, das nach unten Stille erzeugen lässt, während gleichzeitig nach oben der Geräuschpegel ansteigt.

Die Schreispirale im Internet

Hat in der Causa Wulff auch das Internet die Angelegenheit mit hoch gewirbelt, so wird die These von der *Schreispirale* auch aus dem Lager der besonders intensiven Netznützer gestützt. Ausgerechnet eine junge Kandidatin der Piratenpartei vergleicht nach den Erfahrungen zu ihrer Verlobung unter dem Titel „Wer sichtbar ist, wird niedergemacht" die grundsätzliche Funktionsweise des Internet mit einem „Faustkeil: standardisiert und grundsätzlich egalitär". Bei allen Vorteilen der „entgrenzten Kommunikation" wird „jede sichtbare Person ... bekämpft, beschimpft und beleidigt ... Die empathischen, reflektierten und idealistischen Menschen ... entziehen sich irgendwann dem Stampfen der beschleunigten Öffentlichkeit – zum Schaden der Gemeinschaft, die auf diese Menschen angewiesen ist (Julia Schramm, SZ v. 29.02.2012). Solcher

„Shitstorm" wütet auch unter denen, für die absolute Freiheit des Netzes oberste Priorität genießt.

4.8   Die „Erhitzung des psychischen Weltklimas"

Die Pseudoaktualisierung und die kameratauglichen Feuer-, Unfall- und Konfliktbilder, die von allen Weltecken in jede Stube vordringen, *heizen das psychische Weltklima auf.* Dieses *Sprachbild* brachte der Autor in seine medienkritischen Sendungen ein, denn auch er will wenigstens mit dieser Metapher ans Bewusstsein der Menschen heran. Die angesprochenen Szenen können bis zu einem gewissen Grad und im Einzelfall journalistisch geboten sein, doch sie vermitteln in der Summe ein verzerrtes Bild des Weltgeschehens.

Pseudoaktualisierung heizt das psychische Weltklima auf

Sprache und Bild sind nicht *nur* Beschreibung und Wiedergabe, sie sind in Blut, Feuer und Konflikt, in Proms und Trends und in der Verletzung des Intimen eine neue Wirklichkeit.

4.9   Das „Angst-Fluchtrad"

Wie gesagt: Die Nachrichtenselektion erhitzt, sie schürt ein. Sie schürt die Angst, eine ganz allgemeine, diffuse. Die Auslöser der Verunsicherung sind eine Gemengelage aus Berichten zu Kriminalität, politischer Bedrohung, Wirtschafts- und Finanzkrisen, Katastrophen, dem Registrieren und Zeigen von Toten ..., als wäre der Alltag nicht schon hart genug.

Das große Rad drehen

Diese täglich vermittelten Angstimpulse treiben kontinuierlich das große Medienrad, mit dem sich die Leser auf dem Boulevard und die Fernsehzuschauer auf dem Sofa in die Unterhaltungswelt ent-sorgen. Nicht nur im Kommerzbetrieb. Die „Tagesschau" schaufelt ihr Publikum in den „Tatort", und die „heute"- Sendung in Rosamundes seidene Kissen. Die Escapefunktion der Unterhaltung erleichtert das Gemüt. So hält das Angst-Fluchtrad den Betrieb am Laufen.

Auf der Makroebene im Programmschema erweist sich dieses Perpetuum – auch wenn Machern an den unterschiedlichen
Stellen nicht bewusst – als ökonomisch ebenso zielführend wie
auf der Mikroebene die Endlossoap, die das Rad mit ihrem Me-
chanismus von Krisen und Küssen in Schwung hält.

Auch dieser Zusammenhang von Verunsicherung und
Flucht in die Ablenkung könnte unter dem Aspekt von Pro-
gramm und Organisation (Medienökonomie) ein ergiebiger
Fundort der Forschung sein.

4.10 Wofür sind Theorien gut?

Eins für alles   Theorien und Modelle sind Abstraktionen einer vielfältigen
Wirklichkeit und damit auch eine Reduktion komplexer Realität. Theorien und Modelle machen aufmerksam auf die Vergleichbarkeit von Sachverhalten und helfen, durch festgestellte
Gesetzmäßigkeiten Rückschlüsse auf vergleichbare Gegenstände oder Geschehensabläufe zu ziehen.

Dazu bedarf es geeigneter Methoden als Vorgehenswei-
sen innerhalb der von Theorien gesetzten Rahmen. Man unterscheidet nach den Zielen des Suchens etwa qualitative und
quantitative Forschungsmethoden, wobei für diese jeweils
Nachbarwissenschaften wie die Psychologie oder die sozialwissenschaftliche Empirie herangezogen werden. Im Bereich der
Wirkungsforschung von Programm sind beide gefragt und lassen doch noch entscheidende Fragen offen. (Vgl. zum wissen-
schaftstheoretischen Hintergrund und dem Verhältnis von qua-
litativer und quantitativer Forschung: L. Mikos u. C. Wegener
(Hrsg.): Qualitative Medienforschung, ein Handbuch, Konstanz 2005)

Theorie ohne   Obwohl „Wissenschaft" oft nach formalen Kriterien defi-
Praxis ist keine   niert wird, und dabei Quellenanalyse und Quellenanwendung
Wissenschaft   im Vordergrund stehen, macht „Wissenschaft" substantiell das
Herausfinden von Gesetzmäßigkeiten *und* deren Anwendung
aus. Anwenden heißt, Theorien und Modelle in die Praxis zu

transferieren. Das bedeutet für die Wissenschaften, dass ihre Theorien der Anwendung standhalten müssen, was in allen Disziplinen viele ihrer Theorien spannender Weise auch nicht leisten – wie das selbst die Geschichte der Naturwissenschaften mit den sich verändernden Weltbildern aufzeigt. So ist Theorie nicht als von der Anwendung losgelöstes Gegenstück zu verstehen. Wissenschaft muss immer beides sein, Abstraktion und Realität als Einheit durch wechselseitige Rückkopplung. So muss sie sich begreifen.

Theorie als Reduktion allen Geschehens auf dessen Gesetzmäßigkeiten ist das Ziel des Suchens und die Basis des Verstehens.

Dieses Problem des Umgangs mit Theorien stellt sich bei der Überprüfung der Curricula von Studiengängen immer wieder, wie oben bei 4.4. gesehen. Im Zusammenhang mit dem Theoriebegriff sei angemerkt, dass für Fachhochschulen, die nach ihrem Selbstverständnis „Universities of applied sciences" sind und immer mehr Medienstudiengänge anbieten, die explizite Ausweisung der Theorievermittlung bei dem Anspruch des Titels ganz selbstverständlich zu fordern ist, wie für die Unis ohnehin. Mit diesem theoretischen Rüstzeug können künftige Medienschaffende ihre Tätigkeiten an den Grundlagen und Erkenntnissen der Kommunikationswissenschaft, den Grundsätzen des Kommunikationsraums von Rechtsstaat und Demokratie und den Qualitätsmerkmalen im Journalismus reflektieren.

Die Lehre der Theorie verhilft zum Schubladensystem für die Praxis, zum Vergleichen, Bewerten und Ordnen.

So schließen sich jetzt an die Reflexion von Theorie die Themenfelder von Medienordnung und Qualität des Programms an.

Die Rolle der Theorie in der Lehre

5 Medienordnung

„Alle auf das Recht anderer Menschen bezogenen Handlungen, deren Maxime sich nicht mit der Publizität verträgt, sind Unrecht ... Dieses Prinzip ist nicht nur ethisch, ... sondern auch juridisch zu betrachten." (I. Kant, „Zum ewigen Frieden")
„Transparenz" ist die moderne Ausprägung dieser geforderten Publizität. Sie ist ein fest verankertes Rechtsstaatsprinzip, zu dem die Massenmedien entscheidend beitragen.

Die Medienordnung hat unter dem Blickwinkel der Organisation von Massenkommunikation einen *rechtlichen* und einen *ökonomischen* Aspekt. Beide durchdringen sich.

Dabei fügt sich der ökonomische in die rechtlichen Rahmenbedingungen als Grundentscheidung, wie öffentliche Kommunikation verlaufen soll, ein, andererseits gebraucht das Medienmanagement zur Durchsetzung ökonomischer Interessen alle verfügbaren Instrumente des Rechts.

Deshalb hat dieser Aspekt der rechtlichen und ökonomischen Organisation (O) immer die technischen Möglichkeiten und deren Reichweite und Durchdringung im Blick (T) und mit diesen auch die Botschaft und die Wirkungen des Programms der Medien (P).

Im Rechtsstaat genießen die Massenmedien besondere *Freiheitsgarantien* wegen deren öffentlicher Aufgabe, die sie vom Prinzip her im demokratischen Gemeinwesen erfüllen. Die Massenmedien wirken durch ihre Botschaft innerhalb ihres Kommunikationsraums (als Punkt P), der rechtlich konstituiert wird (Punkt O) und technisch real begrenzt ist (Punkt T).

Vom Grundsatz her können wir *offene* und *geschlossene* Kommunikationsräume unterscheiden. Meinen wir mit Offen-

Recht und Ökonomie

heit die Freiheit aktiver und passiver Information im demokratischen Rechtsstaat mit einem auch nach außen politische und
kulturelle Grenzen überwindenden Kommunikationsfluss, so
stellt sich Geschlossenheit durch die Durchsetzung einer Ideo-
logie der Abschottung nach außen und auch nach innen ein,
indem dort Pluralität verhindert wird, wie wir es in diktato-
risch gelenkten Systemen beobachten (vgl. T. Steiner, Massenkommunikation – Funktionensystem als Ordnungsgrundlage,
München 1994; F. Siebert, Th. Peterson, W. Schramm unterscheiden in ihrem so betitelten Buch „Four Theories of the
Press: The Authoritarian, Libertarian, Social Responsibility and
Soviet Communist Concepts of What the Press Should Be and
Do", Illinois 1963/1995). Die Verbreitungswege durch Internet
und mobiles Telefon erweitern und durchdringen auf technischem Weg geschlossene Kommunikationsräume immer mehr
und gefährden so autoritäre politische Systeme in Arabien, dem
Iran, in China und andernorts, soweit diese Technik nicht un-
terdrückt wird, ebenso, wie gegen Ende des 20. Jahrhunderts
Hörfunk und Fernsehen eine destabilisierende Wirkung im
Ostblock ausgelöst haben.

5.1   Der Inhalt der Freiheit

Von der öffentli-
chen Aufgabe …   Information, Bildung, Unterhaltung, Service – als Funktionen
der Medien bezeichnet – sind Programm und gleichzeitig in
ihrer Doppelbedeutung Programmkonsequenzen, z. B. ist Information bei den Nachrichten Programm und auf der Publi-
kumsseite als Information eine Folge des Programms – die aktive und die passive Seite als ein Begriff. Ebenso verhält es sich
mit den anderen Funktionen, dass sie begrifflich auch die Wir-
kungsseite ansprechen. So hat jede Art von Botschaft einen Effekt (vgl. oben 4.5.).
    Einzig *die öffentliche Aufgabe* der Medien, die freie Wil-
lensbildung in der Demokratie zu befördern, begründet und
stützt die Privilegierung der Medien im Rechtsstaat mit seinen

Grundrechten von Meinungsäußerungs-, Presse-, Rundfunk-,
Film- und auch der Kunstfreiheit und verleiht den Medien eine
institutionelle Garantie. Also zielt diese öffentliche Aufgabe aus
der Modellecke der Organisation direkt auf die Ecke des Programms der Medien, ohne aber deren Qualitätsstandards zu
normieren. Diese Zurückhaltung ist auch eine Garantie des
Rechtsstaats. Deshalb ist auch die Berufsbezeichnung Journalist nicht geschützt.

Das eröffnet mit der notwendigen Inkaufnahme von sach-   … zum subjek-
lichen Mängeln und intellektuellen Defiziten den freien beruf-   tiven und objek-
lichen Zugang und die individuelle, subjektive Berufung auf   tiven Aspekt der
das Grundrecht des Art. 5, Abs. 1, (2) „Die Pressefreiheit und   Medienfreiheit
die Freiheit der Berichterstattung durch Rundfunk und Film
werden gewährleistet. (3) Eine Zensur findet nicht statt." Diesem Kommunikationsgrundrecht ist für jeden auch außerhalb
der Medien der Satz 1 vorangestellt: „Jeder hat das Recht seine
Meinung in Wort, Schrift und Bild frei zu äußern und zu verbreiten und sich aus allgemein zugänglichen Quellen zu unter-
richten."

Die Privilegierung der Medien durch deren „institutionelle
Garantie" – am Beispiel der Presse von der Rechtsprechung entwickelt, aber analog auch auf die elektronischen Medien anwendbar – findet ihren Niederschlag in der prinzipiellen Anerkennung des Instituts „freie Presse" und auch „freie Medien".
Das macht die objektive Bedeutung dieses Grundrechts aus und
verpflichtet den Staat, überall dort diese Privilegierung zu berücksichtigen, wo seine Normen die Medien tangieren. Beispiele sind der Schutz der Quellen, besondere Auskunftsrechte
und andererseits das Verbot von Sondergesetzen zulasten der
Medien, wie sie etwa 2011 im EU-Land Ungarn von der natio-
nalistisch gefärbten Parlamentsmehrheit eingeführt wurden.
Eine solche Verletzung des europäischen Wertekanons kann die
Gemeinschaft nicht akzeptieren. Nur die allgemeinen Gesetze,
der Jugendschutz und das Recht der persönlichen Ehre bieten
nach Abs. 2 des Art. 5 Grundgesetz im Einklang mit den europäischen Standards den Medien Schranken. Und auch diese

Schranken sind unter dem Blickwinkel der Medienfreiheit ihrerseits stets auf ihre Verhältnismäßigkeit hin als sog. Schranken-Schranke zu interpretieren (BVerfGE 7, S. 198 ff).

Begünstigt durch das Strafprozessrecht (StPO) werden die Medien aufgrund ihrer verfassungsrechtlichen institutionellen Garantie beim Zeugnisverweigerungsrecht, bei Beschlagnahme oder Durchsuchungen und der Einziehung von Dokumenten. Trotz des Vorbehalts von Richterentscheidungen kommt es hier gelegentlich zu staatlichen Übergriffen, die der gebotenen Abwägung zur Freiheit der Medien nicht entsprechen.

5.2   Einbettung im Kommunikationsraum

5.2.1

Demokratie und Rechtsstaat: Wie die Staatsgewalt ausgeht und wie sie heimkommt

Nur ein solcher Umgang mit den Medien entspricht dem Rechtsstaatsprinzip. In der vom Autor konzipierten, moderierten und vorwiegend mit Cartoongeschichten gestalteten Sendereihe „Fall auf Fall – Recht für jeden!" (1985–2000, BR und ARD, Buch zur Sendung mit gleichem Titel, München 1988) hat er das Verhältnis von Rechtsstaat und Demokratie einmal so beschrieben:

Wenn in der Demokratie alle Staatsgewalt vom Volke ausgeht, dann kommt sie auch wieder einmal heim zu ihrem Volk. Und wie sie das tut, das macht die Qualität eines Staates aus, ob willkürlich unkontrolliert als Diktatur z. B. auch im Gewand der sog. Volksdemokratie oder als Rechtsstaat mit geteilten, sich wechselseitig kontrollierenden Gewalten, die die Bürgerrechte und die allgemeinen Menschenrechte achten und messbar und vorhersehbar sind in ihren Handlungen, also auch ohne rückwirkende Verschärfungen. Ein solches Heimkommen der Staatsgewalt zu ihrem Volk, das macht den Rechtsstaat aus.

Dieses Bild scheint als Vorstellungsmodell deshalb besonders hilfreich, weil gerade in der Politik und in den Medien das Demokratieprinzip, also das der freien Wahlen – nach Ar tikel 20, Abs. 2, Satz 1 Grundgesetz – oft verbal zu Unrecht strapaziert wird, wenn der Rechtsstaat – nach Art. 20, Abs. 2, Satz 2 mit Art. 28 Abs. 1 GG – gemeint ist; denn ein Missbrauch unkontrollierter Staatsgewalt ist für die Masse der Betroffenen weit stärker spürbar als das mehr oder weniger demokratische Zustandekommen von Macht. Die oben bei der „Heimkehr der Staatsgewalt zu ihrem Volk" beschriebenen Erfordernisse hat das Grundgesetz nicht kompakt zusammengefasst, aber die Gesamtschau des Verfassungsrechts und der vom Grundgesetz an die Spitze gesetzte umfassende Grundrechtekatalog mit der Anerkennung der Würde, Art. 1, der Entfaltung der Persönlichkeit, Art. 2, der Gleichbehandlung und damit dem Willkürverbot nach Art. 3 und den Kommunikationsfreiheiten sind die rechtsstaatlichen Garantien, auf die sich alle berufen können.

Damit sie das auch wirksam können, gehört zum Rechtsstaat unabdingbar dessen formelles Hauptgrundrecht: „Wird jemand durch die öffentliche Gewalt in seinen Rechten verletzt, so steht ihm der Rechtsweg offen." (Art. 19, Abs. 4, Satz 1 GG) Andernfalls hätten Grundrechte keine Bedeutung. Eine solche Garantie fehlte etwa in der Verfassung der DDR, die allen Grundrechten sofort Grundpflichten gegenüberstellte.

5.2.2

Die Freiheit der öffentlichen Kommunikation ist für den demokratischen Rechtsstaat „schlechthin konstituierend", wie das Bundesverfassungsgericht immer wieder betont hat. Und sie ist gleichzeitig Voraussetzung, dass die Staatsgewalt auf demokratische Weise vom Volk ausgehen kann nach Prüfung der Alternativen des Handelns und Wählens. Auch hier die Rückkopplung. In diesem, allerdings damals noch nicht so klar erkannten Zusammenhang, dass ein Magisches Dreieck mit dessen Ringschluss wirkt, steht der Aufsatz des Autors *„Die sog. ‚öffentliche Aufgabe' von Presse und Rundfunk und die unterschiedlichen rechtlichen und strukturellen Konsequenzen für diese Medien"*, es

Die Freiheit öffentlicher Kommunikation konstituiert den Staat

geht also um zwei verschiedene *Techniken* mit folglich unterschiedlicher *Organisation* im Blick auf die *Programm*aufgabe:
Binnenpluralismus, also Themen- und Meinungsuniversali-
tät, als Gebot im öffentlich-rechtlichen System, Außenpluralismus als Wunsch und Zielvorstellung auf dem Markt der Presse.
Wenn der Bücherwurm die Ausgabe noch nicht gefressen hat,
findet man diesen Aufsatz eines Jura- und Publizistikstuden-
ten in der Zeitschrift Publizistik, Heft II, des Jahrgangs 1964
(S. 99–114). Das war lange vor Einführung des Dualen Systems
das medienpolitische Konzept des Art. 5, Abs. 2 des Grundge-
setzes und ist es analog der außenpluralistischen Vorstellung
gegenüber der Presse nun für die elektronischen Kommerzme-
dien geblieben.

Beim Kommerzfernsehen ist aufgrund der Jagd nach Quoten dieser Außenpluralismus idealtypisch keineswegs zu ver-
wirklichen. Hier gibt es als kleines Regulativ so genannte Fensterprogramme (siehe u. 5.4.3.). Für den Binnenpluralismus im
öffentlich-rechtlichen Programm gilt die Forderung nach Ausgewogenheit, die der Präsentierung aller Positionen nahe kommen soll. Pluralismus hat sich im Gesamtprogramm eines Senders zu erweisen und nicht in jeder Einzelsendung. Das wäre
auch langweilig und würde das publizistische Profil des Programms einebnen.

5.2.3

Binnenplura-
lismus und
Staatsferne

Öffentlich-rechtlicher Rundfunk – Hörfunk und Fernsehen –
gehört der Gesellschaft, nicht dem Staat. Im eben zitierten Aufsatz klang u. a. an, dass die Rundfunkräte als die Kontrollor-
gane der Sender die gesellschaftlich relevanten Gruppen der
Gesellschaft nicht ausreichend repräsentieren, wenn Parteien
und Staat ein unvertretbares Übergewicht haben. Recht kann
verkrusten. 46 Jahre später bekämpfen nach der Personalpolitik des ZDF-Fernsehrats der Lehrstuhlinhaber Medienrecht in

Mainz, Dieter Dörr, Vorsitzender der KEK (Kommission zur Ermittlung der Konzentration, vgl. hierzu unten 5.4.) und eine ehemalige Studentin des Autors, Tabea Rößner, Bundestagsabgeordnete der Grünen, und halbherzig, weil betroffen, der Ministerpräsident von Rheinland-Pfalz die Zusammensetzung in diesem Fernsehrat.

Zur Personalpolitik zwei Beispiele aus einem Journalistenleben:
Chefredakteur eines Landesfernsehsenders im persönlichen Dialog, 1981 zu N. N.: „Aus Ihnen wäre längst etwas geworden, wenn man bei Ihnen immer wüsste, was rauskommt." N. N.: „Vielleicht unterscheidet uns das, dass ich mich immer von meinen Recherchen überraschen lasse." Journalisten sollten nach dem hier vertretenen Verständnis offen und unabhängig sein.
Reinhard Appel, Chefredakteur des ZDF und Rudolf Radke, sein Stellvertreter und Chef Ausland, laden N. N. 1980 nach Mainz ein und eröffnen ihm, ohne dass der sich beworben hatte, er sei ihre Wahl zum Auslandskorrespondenten Südamerika mit Büro Rio. Die Bewerbung innerhalb des Senders sei ergebnislos verlaufen, die Arbeit des nun Eingeladenen habe man gesichtet, insbesondere die ARD-Dokumentation gesehen „Wie der Schrei nach Wasser – Elementare Bildung in der Dritten Welt: Brasilien" mit der Pädagogik der Alphabetisierung durch Bewusstseinsbildung nach Paolo Freire, den anrührenden Szenen in Favellas, mit Kultusminister in Brasilia und Franziskanern wie Bischof Helder Camara und den Anklängen an die Theologie der Befreiung. N. N. solle sich bitte rasch entscheiden, die Berufung durch den Intendanten sei reine Formsache; dieser respektiere eine Personalentscheidung der Chefredaktion. Der neue Intendant, vorher Parteipolitiker und dann Botschafter in London, lehnte ab und setzte einen vorher abgelehnten Bewerber durch. Das ist natürlich legal.
Arbeitgeber ist bei einer öffentlich-rechtlichen Rundfunkanstalt immer diese in ihrer Gesamtheit, wobei der Intendant diese nach außen und innen verantwortlich verkörpert, auch wenn das Kontrollgremium (Fernsehrat bzw. Rundfunkrat) den Intendanten und die Hauptabteilungsleiter durch Wahl oder Bestätigung bestimmt. Von

der Personalverantwortung zu unterscheiden ist die Frage der Pro-
grammverantwortung, in deren Rahmen sich das Problem der sog. inneren Rundfunkfreiheit stellt (hierüber unten bei 5.5.3.).

5.3 Die Gestaltung der Freiheit

5.3.1

Der Staat als
Schutzherr
kommunika-
tiver Vielfalt

Die Freiheit von staatlicher Beeinflussung war und ist gerade
nach den Erfahrungen im Nationalsozialismus bestimmend
für unsere Kommunikationsordnung. Doch hat sich eine Ge-
wichtsverlagerung bei der Bedrohung der kommunikativen
Freiheit in die Richtung von Medienzusammenballungen ergeben, wobei der Staat als Gesetzgeber wie als Richter gefordert
ist, die Vielfalt sowohl der Informationsquellen und als auch
die der Übermittlungswege von Informationen und Meinungen zu gewährleisten (siehe 5.4.3.).

Dies gilt für die Presse und keinesfalls weniger für den
Rundfunk, denn gerade er hat wegen seines hohen Verbrei-
tungsgrades und der bequemen Zugänglichkeit, wegen seiner
Verbindung von Information und Unterhaltung, wegen seiner führenden Rolle als aktueller Informant und dabei besonders das Fernsehen durch die Suggestivkraft und vermeintliche
Glaubwürdigkeit der bewegten Bilder – seeing is believing –
prägende Wirkung.

Drittwirkung der
Grundrechte

Ähnlich wie Grundrechte sich von (vertikalen) Abwehr-
rechten des Bürgers gegenüber dem Staat auch hin zu Ab-
wehrrechten gegenüber Dritten entwickelten (immer wenn
Juristen den Zweiten oder Andern meinen, sprechen sie vom
Dritten), um wirksam zu sein, so entfaltet auch das Rechtsin-
stitut „freie Presse", „freie Medien" eine horizontale Wirkung
gegen Monopolbildungen als sog. Drittwirkung (BVerfGE 20,
S. 162 ff).

Der Staat darf also nicht auf die einzelnen Medien Einfluss nehmen, jedoch hat er deren Gesamt-Organisation zu

gestalten(O), um die technischen Wege (T) für einen möglichst freien Fluss der unterschiedlichsten Botschaften (P) offen zu halten. Nur so findet die Demokratie eine substantielle Basis, bei der eine informierte Öffentlichkeit von Alternativen des Denkens und Handelns erfüllt wird, und dennoch ein Grundkonsens durch Integration der Gesellschaft entstehen kann.

Vielfalt der Meinungspositionen im rechtsstaatlichen Rahmen setzt Respekt und Tolerierung voraus und ist die größte, vermutlich einzige Chance für die Vermeidung einer Entwicklung, wie sie unsere zeitgeschichtlichen Erfahrungen mit dem Nationalsozialismus bitter aufzeigen. Und wie sie seit alters eine ebenso überzeugende wie einfache Bauernregel beschreibt: Wenn viele einen falschen Weg gehen, wird der nicht richtiger! Um dem Grundgesetz zu genügen, hat also der Gesetzgeber eine freie, umfassende Meinungsbildung zu gewährleisten. Dazu bedarf es sachgerechter Berichterstattung, weil vor der Meinung die Information stehen sollte.

5.3.2

Die Evolution der Natur macht es uns vor. Sie hält einen unermesslich großen Genpool vor, damit sie sich durch die Vielfalt auch innerhalb der Arten stabilisieren und Krisen und Krankheiten überstehen kann. Das gilt auch für soziale Körper. In ihnen steckt eigenartiger Weise eine Dynamik der Homogenisierung und der „Harmonisierung", also der Vereinheitlichung, und zwar je größer sie werden umso dramatischer:

Vielfalt als Immunsystem

Nur die Vielzahl unterschiedlicher Banksysteme hat gegen die europäischen Tendenzen ihrer Vereinheitlichung (um der einfacheren Kontrolle willen) der Finanzkrise einigermaßen Stand gehalten, erklären Ökonomen wie Hans-Peter Burghof von der Uni Hohenheim.

Bei aller Diversifikation birgt auch das Internet ein wachsendes strukturelles Monopol. Beispiel Energieversorgung: Wasser, Gas, Elektrizität, Fernwärme – immer mehr Netze be-

nutzen der Einfachheit halber das Internet, dessen Verflech-
tungen niemand mehr durchblickt. Jochen Schiller, TU Berlin,
warnt, in der Technologie würde alle Kommunikationsstränge
ins Internet gesteckt, obwohl Monokulturen so anfällig für
Schäden seien.

Der Rechtsstaat hat sich seit Montesquieu gegen die Konzentration der Macht und damit gegen die Gefahr von deren
Missbrauch durch die Teilung der Gewalten immunisiert.

Und für die Kommunikation der Gesellschaft soll es der
Markt alleine regeln können? Bei der Natur der Botschaft
(unten bei 6.) werden wir sehen, warum er das nicht leisten
kann. Soziale Systeme haben wie politische und ökonomische
eine Konzentrationstendenz. Hier irrte Karl Marx nicht. Kommunikative Vielfalt statt Einfalt in Medienstruktur und Me-
dieninhalten ist das Immunsystem für die Lebensfähigkeit der
Gesellschaft.

5.3.3

Technik fordert
den Organisator

Der rasante Wandel der Technik, der Ökonomie und auch der
Gesellschaft fordert die Wachsamkeit des Staates, den Meinungspluralismus durch Maßnahmen der Organisierung der
Medienlandschaft zu sichern immer stärker. Mit der Multime-
diaentwicklung, der Verschmelzung herkömmlicher Print- und
elektronischer Medien durch das Internet, wird diese Forderung besonders deutlich. Einerseits können sich Konzentra-
tionstendenzen verstärken, andererseits drohen auch Gefahren
für Einzelpersonen mit der Notwendigkeit von besonderem
Schutz vor öffentlicher Verletzung der Persönlichkeitsrechte
durch Bloßstellung oder gar Verfolgung im Internet. Die Globalisierung potenziert die Schwierigkeiten.

So gilt die Eigentumsgarantie ja auch für geistige und künstlerische Leistungen. Das Urheberrecht wird jedoch ausgehebelt,
wenn es nicht zu verbindlichen internationalen staatlichen Ver-
einbarungen kommt. Die Schwierigkeit dabei: Geistiges Eigen-

tum ist ein hoher Wert, die Freiheit des Internets auch. Eine wissensbasierte Wirtschaft ist auf Schutz von Eigentum vom markttauglichen Design bis zur Substanz der Produkte und vom Buch oder Film bis zur Musikkomposition und deren Darbietung durch Rechtssicherheit und Rechtsverbindlichkeit angewiesen; die Öffentlichkeit der Internetnutzer fürchtet den dann notwendigen Zugriff von Strafverfolgungsbehörden als Eingriff in den Persönlichkeits-Datenschutz und in die Informationsfreiheit, die das Internet eröffnet hat. Dieses Dilemma wurde beim Streit um ACTA, das europaweite Handelsabkommen für Urheberleistungen, offenbar. (Vgl. auch unten bei 5.6.2.)

5.4 Die Entwicklung der Rundfunkordnung

5.4.1

Wegen der bundesstaatlichen Konstruktion Deutschlands liegen die gesetzgeberischen Befugnisse – und wie gesehen auch Pflichten – für diesen kommunikativen Bereich bei den Bundesländern, denen als wichtigste Kompetenz der Bereich der Kultur verblieben ist. So hat sich für den Bildungsbereich die Kultusministerkonferenz um ein Minimum an Kooperation zu bemühen, für Hörfunk und Fernsehen regeln die in den Staatsverträgen bundesweit einheitlich gefundenen Normen, was dann in den Landesparlamenten zu ratifizieren ist. Da geht es dann um Jugendschutz oder Werbezeiten und regelmäßig auch um die Rundfunkgebühren.

Bund oder Länder?

Diese heute relativ eindeutige Sicht, wonach Hörfunk und Fernsehen in ihren Programmen unter den Begriff der Kultur zu subsumieren seien, war vor der Gründung des ZDF durchaus noch strittig. 1959 wollte die Regierung Adenauer ein Bundesrundfunkgesetz auf den Weg bringen mit drei Bundesanstalten: Deutsche Welle, Deutschlandfunk und ein Deutschland Fernsehen. Letzteres scheiterte im Bundestag. Der folgende Versuch, eine „Deutschland Fernsehen GmbH" zu gründen, scheiterte dann beim Bundesverfassungsgericht. Dieses grenzte in seiner wegweisenden Entscheidung die Kompetenzen von Bund und Ländern gegeneinander ab: Der Bund habe nur das Recht der Regelung des Fernmeldewesens (heute in Art. 73, Ziffer 7 als Telekommunikation bezeichnet), also die Regelungsbefugnis gegenüber der Technik, die Organisierung der Rundfunkanstalten stehe als Kulturauftrag den Ländern zu. In diesem Urteil (BVerfGE 12, S. 205 ff) kommt auch deutlich zum Ausdruck, dass wegen der Unerlässlichkeit einer freien Meinungsbildung der Öffentlichkeit weder der Staat noch einzelne gesellschaftliche Gruppen sich des Rundfunks bemächtigen dürfen.

Das Zusammenspiel von Technik, Organisation und Programm mit seinen Rückwirkungen im Magischen Dreieck wird auch in dieser Entscheidung evident, die in den Kompetenzen für die Gesetzgebung eine Differenzierung vornimmt.

5.4.2

Blick in die Rundfunkgeschichte der Bundesrepublik

Dieses Urteil muss man unter der Knappheit der Sendefrequenzen dieser Zeit betrachten. Weil die Rundfunkanstalten der Länder mit ihren jeweils eigenen Rundfunkgesetzen eine Quasi-Monopolstellung einnahmen, war dem Prinzip der erforderlichen Meinungsvielfalt mit dem Gebot des programmlichen Binnenpluralismus Rechnung getragen, das wiederum durch die Besetzung der Kontrollgremien des jeweiligen Rundfunkrats gewährleistet werden sollte. Diese Gremien sollten ein Spiegel der Gesellschaft sein und also die wichtigsten gesellschaftlichen Gruppen repräsentieren. Doch nahezu überall waren die Landesregierungen und Länderparlamente stark vertreten und bildeten dann Allianzen mit den jeweiligen ihnen nahe stehenden Gruppenvertretern, was sich entsprechend in der Personalpolitik der Sender niederschlug.

Damit nun auch ein deutschlandweites Programm entstehen konnte, hatten sich die Landesrundfunkanstalten schon

1950 zur „Arbeitsgemeinschaft der öffentlich-rechtlichen Rundfunkanstalten in der Bundesrepublik Deutschland" (ARD) zu-
sammengeschlossen. Unter diesem farblosen Titel wollten sich
die Länderanstalten, die Anfang der 50er Jahre mit der Vorbereitung eines ersten Gemeinschaftsprogramms begannen, ihre
Unabhängigkeit sichern. Die ARD besteht heute aus neun Mit-
gliedern immer noch und tritt inzwischen als „Das Erste" auf.

Anders verlief der Weg beim ZDF, wo sich die Bundeslän-
der nach dem Scheitern der „Deutschland Fernsehen GmbH"
im Urteil vom 28. 2. 61 bereits am 6. Juni zum Staatsvertrag zur
Gründung des Zweiten Deutschen Fernsehens zusammenfan-
den und in also alleiniger Zuständigkeit für alle Organisations-
und Programmfragen eine zentrale Länderanstalt schufen.

Mit der technischen Möglichkeit neuer Verbreitungswege
vor allem durch Kabel und Satellit und auch der ökonomische-
ren Realisierung von Fernsehen drängte die Privatwirtschaft in
diesen Bereich. Das Bundesverfassungsgericht, das durch die
politischen Interessenkonflikte immer stärker in eine gesetzge-
berische Rolle gedrängt wurde, legte 1981 die Maßstäbe für ge-
setzliche Maßnahmen zur Einführung privaten Rundfunks und
damit von dessen dualer Ordnung fest, was 1987 zum Staatsvertrag der Länder zur Neuordnung des Rundfunkwesens führte.
Dabei war die Bestands- und Entwicklungsgarantie des öffentlich-rechtlichen Rundfunks zu berücksichtigen.

Die Technik bedingte die Neuorganisation mit der Folge
einer zunächst besonders ausgeprägten qualitativen Spreizung
des Programmangebots.

Kaum ein Land auf der Welt kennt eine ähnliche, Pluralismus und Qualität einfordernde Rundfunkstruktur. Dennoch
verwundert nicht, dass neben der Privatwirtschaft von Fern-
sehveranstaltern und Verlegern gerade von der EU her ökonomisch einebnende Forderungen an die deutsche Rundfunkkon-
stellation herangetragen werden.

5.4.3

„Publizistische
Wegelagerer"

Damit auch kommerzielle Sender ein Minimum an politischer
und kultureller Vielfalt anbieten, verlangt der Rundfunkstaats-
vertrag (RStV), dass Sender oder Senderketten nicht über 30 %
des Zuschauermarktanteils halten dürfen. Fusionen können
daran scheitern, wie 2006 im Falle ProSiebenSat1 Media AG
mit der Axel Springer AG bei nachfolgenden Gerichtsverfahren hierüber – in Analogie zum Kartellrecht der Wirtschaft
gegen Monopolbildung und zum Erhalt des Wettbewerbs.
Die Kommission zur Ermittlung der Konzentration (KEK) als
Organ der Landesmedienanstalten stellt diese Marktanteile auf
der Zahlenbasis der Arbeitsgemeinschaft Fernsehforschung
(AGF) fest.

Eine zweite Beschränkung zugunsten der Vielfalt sind die
sog. *Fensterprogramme* nach § 31 des RStV. Überschreitet ein
Sender die 10%-Grenze beim Zuschaueranteil, muss er „unabhängigen Dritten" Sendezeiten auf eigene Kosten einräumen.
Der Privatfernseh-Pionier Helmut Thoma nannte die Bewerber
um diese Fenster als RTL-Chef einmal „publizistische Wegelagerer". Verständlicherweise herrscht immer wieder ein auch ge-
richtlich ausgetragener Kampf um diese Fensterplätze, die von
den Landesmedienanstalten vergeben werden. Am bekann-
testen sind die Fenster von dctp des Filmemachers Alexander
Kluge oder von sternTV.

5.5   Die Schranken der Freiheit

Was Medien
trotz Privile-
gierung nicht
dürfen

Die starke Macht der Medien verlangt nach Schutz der von
Berichten Betroffenen. Immer wieder ist dabei das hohe Gut
der Medienfreiheit abzuwägen gegen das Rechtsgut der Persönlichkeit.

In einem Recherchegespräch mit Richtern und Staatsanwälten der
DDR zur Frage ihrer Bereitschaft in einem für sie neuen Rechtssystem

zu wirken, wurde dem Autor plötzlich die Frage gestellt: „Was meinen Sie eigentlich mit ‚Güterabwägung'?". Da wurde ein entscheidender Unterschied deutlich. In deren bisherigem Rechtsverständnis wurden die Sachverhalte unter Gesetze, Vorschriften oder Anweisungen relativ zügig subsumiert und eben nicht wechselseitige schützenswerte Interessen ausgewogen. Dem entsprach auch, was der Autor gleich nach der Wende im Panzerschrank des Präsidentenzimmers im damaligen Bezirksgericht Dresden im Beisein des Gerichtspräsidenten ans Licht holte. Es war eine Anweisung an die Richter, bei einer Klage gegen eine Entlassung aus einem Arbeitsverhältnis den Klagantrag abzuweisen, wenn die Person einen Antrag auf Ausreise aus der DDR gestellt hatte. Diese generelle inhaltliche Festlegung der Urteile war mit zwei weiteren Auflagen an das Gerichtspräsidium verbunden: Erstens sei diese Anweisung allen Richtern mündlich zu erteilen. Zweitens dürfe im Urteil nicht auf diese Anweisung Bezug genommen werden. Unterschrift: Mielke, Minister für Staatssicherheit. Das Dokument wurde in der Sendung „Die unsichtbare Mauer – quer durch die Deutsche Rechtseinheit" im BFS 1992 bzw. im zitierten Magazin „Fall auf Fall, Recht für Jeden!" gezeigt.

Im Rechtsstaat hat der Richter die Abwägung zu leisten, schließlich steht das Symbol der Waage hierfür. Auf das andere Accessoire der Justitia, das Schwert, kommen wir gleich noch zu sprechen.

5.5.1

Diese Abwägung ist bei Verletzungen des Persönlichkeitsrechts ziemlich einfach mit dem Instrument der *Gegendarstellung* zu leisten. Hier müssen nur die formalen Voraussetzungen geprüft werden: Der sich so Wehrende muss von einer Tatsachenbehauptung betroffen sein, die sich allerdings auch aus dem Zusammenhang oder zwischen den Zeilen ergeben kann. Die Gegendarstellung kann sich nicht gegen Meinungen richten. Da würde in die Medienfreiheit eingegriffen werden. So muss sich

Die zivilrechtlichen Abwehrrechte gegen die Medien

also auch die Gegendarstellung als Tatsachenbehauptung erweisen, die den Umfang der Erstbehauptung nicht wesentlich
überschreiten darf. Ort, Datum und Unterschrift sind Erfordernis. Die Richtigkeit ist nicht zu überprüfen. Gelegentlich setzen
Medien deshalb auch einen sog. „Redaktionsschwanz" hinter
die Gegendarstellung, zu der sie verpflichtet sind, um die Gegendarstellung wieder zu relativieren.

Aus dem Grundsatz der „Waffengleichheit" ergibt sich auch
die Platzierung, die an vergleichbarer Stelle im Periodikum
oder im Programm erfolgen muss.

Wesentlich schwieriger sind die Ansprüche der Betroffenen auf
Unterlassung einer Behauptung, auf *Widerruf, Richtigstellung*
oder *Ergänzung* oder auf *Ersatz eines materiellen* oder *immate-
riellen Schadens* (Schmerzensgeld) abzuwägen. In allen Fällen
hat zunächst der Betroffene die Beweislast.

5.5.2

Die strafrecht-
lichen Maß-
nahmen

Nun also das Schwert der Justitia, das drohen will, auch wenn
Köpfe heute nur mehr symbolisch rollen. Strafdrohungen wollen vor allem präventiv wirken. Sie werden gegenüber den Medien bzw. Verantwortlichen umgesetzt, wenn diese die allgemeinen Strafgesetze verletzen. Das bezieht sich auf Diebstahl
oder Raub von Unterlagen und auf Hausfriedensbruch. Immer
ist aber das hohe Gut der Presse- und Rundfunkfreiheit gegen
den Verstoß abzuwägen. Das gilt auch genauso für inhaltliche
Verfehlungen wie schwere Ehrverletzungen, die Verbreitung
von Propagandamitteln verbotener Organisationen oder das
Offenbaren von Staatsgeheimnissen (§§ 86 ff Strafgesetzbuch).
Zu diesem Delikt wurde die sog. Mosaiktheorie entwickelt, wonach das Zusammenfügen vieler bekannter Einzelheiten durchaus ein Offenbaren sein kann. Es gibt medienspezifische Straf-
normen in den §§ 130 ff StGB, die sich auf Volksverhetzung,
Anleitung zu Straftaten oder auch Gewaltdarstellungen bezie-

hen, die deren Verherrlichung oder Verharmlosung ausdrücken. Das Pornographieverbot in § 184 ist Zeittendenzen entsprechend eine stumpfe Waffe geworden, umso mehr muss sich die Strafverfolgung dem Missbrauch von Kindern im Internet widmen.

In strafrechtlichen Nebengesetzen sind für die Medien eine Reihe von relevanten Tatbeständen aufgeführt, so Urheberrechtsverletzungen oder Verstöße gegen Jugendschutzbestimmungen, auch die Missachtung des Rechts am eigenen Bild, was im Einzelfall größere Schwierigkeiten bereitet.

Auf das *Recht am eigenen Bild* sei wegen der praktischen Bedeutung bei fast allen Aufnahmen in der Öffentlichkeit kurz eingegangen. Das *Aufnehmen* ist zunächst durch die allgemeine Informationsfreiheit gedeckt. Ausnahme § 201a StGB: der „Spannerschutz" gegenüber Aufnahmen aus dem Intimbereich oder höchstpersönlichen Lebensbereich wie Wohnung, geschützter Garten, Umkleidekabinen, Behandlungsräume etc.; zusätzlich hat die Rechtsprechung ein Fotografierverbot entwickelt, wenn schon in der Aufnahme eine Ehrverletzung liegt, wenn Schlafende, Betrunkene oder Personen in sehr unpassenden Situationen identifizierbar sind. Das Bild eines Diebs auf frischer Tat lässt die Güterabwägung zwischen Informationsfreiheit und Persönlichkeitsrecht (mitsamt der Menschenwürde) des Täters natürlich durchgehen.

Das Bild vom Kauz

Für bestimmte Aufnahmen kann ein *Veröffentlichungsverbot* gelten. Das Kunsturhebergesetz (§ 22 KUG) untersagt die Veröffentlichung von Bildern von Personen, wenn keine Einwilligung vorliegt. Auch die situative Zuordnung wie das Autokennzeichen fällt darunter. Für Minderjährige braucht es die Zustimmung der gesetzlichen Vertreter.

Die stillschweigende oder konkludente *Einwilligung* ist der Schlüssel für die Publizierung. Man kann sie unterstellen, wenn die abgelichteten Personen erkennbares Aufnehmen akzeptieren. Aber auch da wieder die Ausnahme. Es kommt auf den Zusammenhang an: Auf der Dult dreht ein Team Köpfe, z. B. von einem, der beim Antiquar stöbert. Der lässt es geschehen, muss

sich aber dann nicht gefallen lassen, in einer Sammlung obsku-
rer Käuze präsentiert zu werden. Denn dafür hat er sein Abbild
nicht hergegeben.

5.5.3

Gibt es eine
innere Presse-
und Rundfunk-
freiheit?

Eine Grenze der Freiheit und eine der Klammern zwischen
Recht und Ökonomie in der Medienorganisation ist das Ar-
beitsrecht der Journalisten mit deren eigener Pressefreiheit innerhalb ihres Unternehmens. Redaktionsstatute wollen diese
Rechte der Journalisten festschreiben. Weil Verlagshäuser als
Tendenzunternehmen (außenpluralistisch) legalisiert sind und
sich ihrerseits auf das Grundrecht der Pressefreiheit berufen
können, schätzen nur wenige Arbeitgeber in den Medien solche
Festlegung der Journalistenrechte ihnen gegenüber. Es könnten
ja Abweichungen von der publizistischen Linie einen schillernden Gesamteindruck des Produkts vermitteln, der die eigene
Klientel verunsichert. Deshalb steht den einzelnen Journalisten in diesem Zusammenhang nach heutiger Grundrechtsinter-
pretation des Bundesverfassungsgerichts die Berufung auf die
Pressefreiheit nicht zu.

Lediglich eine negative oder passive Freiheit ist im § 4 des
Pressegesetzes von Brandenburg festgeschrieben, wonach kein
Redakteur eine Meinung, die er nicht teilt, als eigene publizieren muss, und ihm aus dieser Weigerung kein Nachteil erwach-
sen darf. Ungeschrieben ist dieser Schutz einer Gesinnung jedoch auf Grund des allgemeinen Persönlichkeitsrechtes überall
gültig.

Die heutige Ablehnung einer inneren Pressefreiheit bedeutet aber nicht, dass „die Pressefreiheit" nur die institutionelle
Eigenständigkeit der Presse garantiert, die Pressefreiheit ist und
bleibt ein subjektives Recht aller Presseangehörigen (wie eines
jeden Presseunternehmens) – gegenüber dem Staat.

Rundfunkjourna-
listen freier?

Auch in öffentlich-rechtlichen Rundfunkhäusern gab es
immer wieder vergleichbare Bemühungen um Redaktionssta-

tute. Vom Denkansatz her müsste bei den zum Binnenpluralismus verpflichteten Sendern dieser journalistische Freiheitsraum größer als der bei der Presse sein. Welche handfeste
Konsequenz sich daraus allerdings ergibt, ist strittig. Die Freiheit, die der Rundfunkanstalt gegenüber dem Staat zusteht,
sollte auch dem einzelnen Redakteur intern zugestanden werden, ist die eine Position. Dies müsste allerdings kodifiziert
werden. Die andere betont, dass sich die Sender und auch einzelne Journalisten nur gegenüber dem Staat auf die Rundfunkfreiheit berufen können, und die einzelnen Stimmen im Sender ohnehin gegenüber den Positionen der gesellschaftlichen
Gruppen im Rundfunkrat zurücktreten müssten.

Bei den Kommerzunternehmen des Rundfunks ist die Frage
der inneren Freiheit wie bei der Presse zu beurteilen. Allerdings
kann sich, weil Kommerzsender von den Landesmedienanstalten zugelassen werden müssen, eine freiwillige Beschränkung
der Tendenzfreiheit auch auf die Zulassung erleichternd auswirken. Denn Vielfalt ist das hehre Ziel, damit über die Rückkopplung gesellschaftlicher Wirkungen Impulse für die Demokratie entstehen.

Im Ergebnis aber werden sich Journalisten innerhalb ihres
Arbeits- oder Auftragsverhältnisses mit einer Berufung auf die
Drittwirkung der Grundrechte schwer tun.

5.5.4

Überall im medienbezogenen Verfassungs-, Zivil- oder Straf-
recht zeigt sich die intuitive Berücksichtigung dessen, was im
Magischen Dreieck zwischen der Botschaft und ihren Wirkungen (P), deren Verbreitungswegen und -möglichkeiten (T) und
der Medienstruktur von Normen und ökonomischen Interessen (O) an Wechselwirkungen besteht.

(Aus der inzwischen angewachsenen Literaturfülle zum Medienrecht als neuem Rechtsgebiet sei für Studienzwecke emp-

fohlen: Frank Fechner: Medienrecht, Tübingen, 2012, 13. Aufl.,
mit Falllösungen und umfassendem Literaturverzeichnis.)

5.6   Medienökonomie und Medienmanagement

Die Medienordnung besteht nicht nur aus dem Medienrecht, es
hat sich in den Medienwissenschaften eine sich als eigenstän-
dig verstehende Disziplin mit eigenen Studiengängen herausgebildet: die Medienökonomie bzw. das Medienmanagement.
In der Medienökonomie wird die Rückkopplung von publizistischen Absichten, wirtschaftlichen Chancen und deren Umsetzung in Organisationsstrukturen unter Nutzung geeigneter
technischer Instrumente besonders augenfällig.
    Hier seien nur einige Grundzüge angesprochen. Die Unter-
suchung dieses Aspekts der Massenkommunikation kann und
muss unter dem Blick des Magischen Dreiecks eigenen Darstel-
lungen vorbehalten bleiben, so wie auch die Berücksichtigung
dieses Modells beim Medienrecht, der Medientechnik oder des
Programms in diesem Überblick nur aufscheinen kann.

5.6.1 Der Wertschöpfungsprozess

Der Content ist
die Botschaft

Schon dieser stehende Begriff „Wertschöpfungsprozess" der
Medienökonomie weist auf das Ziel hin: Nicht die publizistische Motivierung, wie sie am deutlichsten Dovifat mit seiner Intention des Überzeugens und Leitens formuliert hat
(E. Dovifat: Zeitungslehre, 2 Bde., Berlin 1955), steht im Fokus
des Interesses, sondern der wirtschaftliche Erfolg. Was wir mit
Programm oder Botschaft umschrieben haben, heißt im ökonomischen Sektor folgerichtig Content. Er ist in dieser Abfolge zu
initiieren, zu generieren, zu vertreiben bzw. zu vermarkten und
schließlich zu nutzen.
    Initiiert werden Contents durch die Unternehmen von Ver-
lagen oder Rundfunksendern. Die *Generierung* erfolgt durch

Nutzung von Archiven, Neuproduktion und Zusammenstel-
lung (Packaging) zur Verwertung. Verteilen, Senden, Weiter-
verkaufen sind als Distribution die Formen des *Vermarktens*.
Die *Nutzung* – in der Kommunikationswissenschaft das Rezipieren – ist hier das Konsumieren von Content. (Ein umfassen-
der theoretischer Überblick mit Literatur zum Fach findet sich
bei M. Gläser: Medienmanagement, München, 2007)

In Abhängigkeit vom Content – im Magischen Dreieck das
Programm – ist die gesamte Ökonomie und Medienstruktur zu
betrachten: Wer stellt es mit welchem Mitteleinsatz her (O)?
Auf welchen Wegen ist es zu produzieren und zu verbreiten (T)?
Was kommt publizistisch an (P)?

Ökonomisch bezeichnet Wertschöpfung die von einem Unternehmen erstellten Werte abzüglich der von ihr verbrauch-
ten Werte. Dabei liegen die Disziplinen Betriebswirtschaft und
Kommunikationswissenschaft hierüber im Streit, wer eigentlich die Mutter der Medienökonomie ist, obwohl doch nur
über die Vaterschaft Streit herrschen dürfte. Vorschlag: In der
wachsenden Patchworkfamilie sei die Medienökonomie nun
eine wohl gelittene Adoptivtochter der Kommunikationswissenschaft; allerdings sollte sie ein Minimum an Familienregeln
beherzigen. Dass sie das aber durchaus nicht immer will, wenn
sie ihren Content für gleichbedeutend wie alle Waren, etwa
„Margarine", hält und nicht für Programm, werden wir bei 6.1.
und 7.1. sehen.

Konkurrenz der Fächer

5.6.2

Jede Herstellung oder Bereitstellung von Content ist mit Kosten
verbunden. Entsprechend der Logik der Wertschöpfungskette
fallen Kosten an für die Vorhaltung der personellen, technischen, baulichen und sonstigen betrieblichen Kosten des Unternehmens.

Nach der Programmplanung wird Content angekauft, wofür
die Rechte abzulösen sind, oder er wird hergestellt. Dafür gibt

Kosten und Finanzierung

es im Wesentlichen die Alternativen der Eigenproduktion, der
Co-Eigenproduktion und der Fremdproduktion.

Beispiel Fernsehen: Bei der Eigenproduktion greift das Unternehmen auf sein Personal und seine Technik zurück, was als
sog. indirekte Kosten ausweisbar ist. Technische Mittel wie Datenträger, z. B. teures Filmmaterial von 35 mm-Film mit Ton-
bändern (da kommt die Klappe ins Spiel, mit deren Schall und
Bild der Ton synchron angelegt werden kann) oder Magnetband für elektronische Aufzeichnung kosten – und zwar sehr
unterschiedlich – viel.

War für Jahrzehnte der 16 mm-Film für TV der Standard,
so waren, um eine Größe aus der gängigen Praxis zu nennen,
für einen Meter Film einschließlich Negativkopie und Tonma-
terial der Gegenwert von 3.– € anzusetzen. Ein 45-Minuten-
Feature benötigte bei einem durchschnittlichen Drehverhältnis
von 8 : 1 etwa 3500 Meter Material, so dass allein für diese Position über 10 000.– € kalkuliert werden mussten. Aus Gründen
der längeren Archivierbarkeit wird auch heute noch im Einzelfall auf 16 mm bzw. dem wesentlich teureren 35 mm-Filmma-
terial gedreht.

Digitalisierung
und Demateriali-
sierung

Nun kam in den 90er Jahren die EB-Produktion (elektronische Bildberichterstattung) auf, was Technik und Kosten revo-
lutionierte; denn einerseits war das aufwändige Kamera- und
Schnitt-Equipement auszuwechseln (indirekte Kosten bei den
Sendern für die Redaktionen), andererseits fielen die Kosten für
das Bandmaterial (direkte Kosten) von zehntausend auf wenige
hundert Euros. Die Weiterentwicklung mit Festplattenaufzeich-
nung bedeutet völlige Dematerialisierung durch Digitalisierung. Insgesamt verbilligt sich die Produktion. Nicht unähnlich
verläuft der Prozess beim weiterhin materialisierten Endpro-
dukt Presse. Diese bezieht jedoch durch Nutzung des Internets
ebenfalls die Dematerialisierung in ihre Strategien für Herstellung und Vertrieb mit ein.

Journalisten
müssen kalkulie-
ren können

Wenn bei TV-Eigenproduktionen Freie Journalisten als
Autoren wirken, hat der Sender deren Urheberrechte für Buch
und Regie abzugelten, in der Regel so zwischen 300.– und

700.– Euro pro Minute, was Recherche und Führung der Postproduktion einschließt.

Bei einer Fremdproduktion als Auftrag eines Senders haben
die (Autoren-)Produzenten, in der Regel Freie Journalisten, in
ihrer Kalkulation ihre Kosten aufzulisten, die dann mit dem Sender verhandelt werden. Deshalb müssen Journalisten im Rund-
funkbereich diese Kostenstrukturen für Produktionen kennen.
Sie enthalten in der Regel Recherche, Kamerateam, Fahrten und
Spesen, Rechteerwerb gegenüber Archiven und Protagonisten,
Postproduktion mit Schnitt und Vertonung, Sprecher, Endmi-
schung, Buch und Regie, allgemeine Handlungskosten und Gewinn und natürlich am Ende die Umsatzsteuer.

Für die Sender kommt es nicht nur auf die Kosten der einzelnen Sendung an; sie sollen in ihre Rentabilitätsberechnun-
gen auch die Wiederverwertbarkeit durch Verkauf oder die
Repertoirefähigkeit, also die Wiederholungschancen, einbezie-
hen, was aufgrund eines überbetonten Aktualitätsverständnis-
ses noch zu wenig geschieht – zum Nachteil von Qualitätspro-
dukten.

Zwar orientieren sich die öffentlich-rechtlichen Rundfunkanstalten zu sehr an der Quote, was ihrem Programm im
Einzelfall Attraktivität verleiht, *in solcher Breite aber zu Lasten der Tiefe, nämlich der Qualität* geht. Doch ist die Quote für
eine statistische Reputation der Sender im Vergleich und für
den Verkauf von Werbezeit natürlich ein Gradmesser. Für die
Kommerzsender ist die Quote die Währung, Werbung ist die fi-
nanzielle Hauptquelle.

Auf der Einnahmeseite stehen für die Sender also im Wesentlichen die Gebühren, Werbung und Sponsoring, dann (of-
fenes oder verstecktes) Productplacement, Beteiligung von
externen Koproduktionspartnern z. B. der Industrie und der
vielfältige Bereich der Filmförderung. Mit dem Wechsel vom
öffentlich-rechtlichen *Beitrag* pro Haushalt anstelle der *Gebühr*
verändert sich der Auftrag nicht.

Und immer stellt sich die Frage: wie viel Geld mit welcher
Technik für welches Programm?

5.6.3

Zum Zahlenverhältnis: Die Suchmaschine Google macht mit
der an die Inhalte geknüpften Werbung 27 Mrd. € Umsatz und
steht bereits an dritter Stelle im Weltranking der Medienkon-
zerne, wobei 96 % der Einnahmen aus der Werbung kommen.
Das Institut für Medien- und Kommunikationspolitik, IfM in
Berlin, begründet die Hereinnahme von Google in diese von ihr
erhobene Liste 2012 mit dem Argument des „Wissenskonzerns".
Die klassischen Contentproduzenten im Print-, Musik, Film-
und TV-Bereich müssen natürlich wesentlichen höheren Aufwand in Produktion und Vertrieb leisten. Zudem verlagern sich
die Werbetats immer deutlicher zugunsten der Suchmaschinen.
ComcastNBCU (40,2 Mrd. €), WaltDisney (29,4 Mrd. €) liegen beim Weltranking noch vor Google. Es folgen Murdochs
NewsCorp., Viacom CBS, Time Warner, Sony Entertainment
und an 8. Stelle Bertelsmann mit 15,2 Mrd. € Umsatz.

Mit neuen Programmmöglichkeiten entstehen zwangsläufig neue Formen der Akquirierung von Geldmitteln, aber auch
der Einsparung von Ausgaben, auch und gerade dort, wo sich
neue Kommunikatoren als geistige Parasiten tummeln. Schöp-
fergeist und Überlebensfähigkeit derer, die davon leben, leiden,
wo Botschaften zum frei verfügbaren content verkommen. Bei
der Mittelbeschaffung tun sich die digitalen Kinder der her-
kömmlichen Publizistik, insbesondere der Presse schwer; gi-
gantische Werbeerlöse streichen dagegen Google, Facebook
und Co ein, welche eigentlich und zunächst nur die Technik
als Plattform für die Kommunikation zur Verfügung stellen,
jedoch mit ihren Riesengewinnen als Contentproduzenten auf
den Merkt drängen werden. Da wird der Erhalt eines journalistischen Qualitätsstandards umso wichtiger.

In der Medienvergangenheit war die Bezahlung von Inhalten über ein physisches, ein materialisiertes Gut gebunden, das
an Leser, Hörer und Seher vermittelt wurde, als Presseprodukt,
Schallplatte, CD, VHS, DVD oder BlueRay direkt, aber auch in-
direkt im Übergang durch Audio- oder Videobänder und Filme

an Sender oder Verleiher. Die Bezahlung des Inhalts war jedenfalls organisierbar über Bares, Einzug von Abos oder Gebühren,
PayTV oder Werbung.

Mit der Digitalisierung der Internetverbreitung (T) gibt es
kein gültiges neues Vergütungskonzept (O) für die verbreite-
ten Inhalte (P).

Der Streit um
die digitale
Distribution
von Inhalten

So ist der Schritt in die kostenlose Nutzung verlockend für
Endnutzer wie Vermittler, die Gratisinhalte mit Werbeerlö-
sen koppeln oder gar als Zwischenverkäufer auftreten. „Freiheit des Internets!" schreiben diese auf ihr Banner, viele nennen sich auch stolz Piraten, ein auch mit Romantik geladener
Begriff, während sich die Bundeswehr gegen organisierte Piraterie im internationalen Einsatz am Horn von Afrika befin-
det. „Piraterie ist Diebstahl und Parasitentum" rufen die, deren
geistiges Eigentum fremdvermarktet wird. Interessant dabei,
dass Newcomer der Musikszene das kostenlose Bekanntwer-
den schätzen, mit zunehmendem Erfolg aber ihr Honorar gesichert sehen möchten.

Der Autor musste sich dieser Entwicklung schon in den neunziger
Jahren als redaktioneller Partner seiner Autoren bei der Erfolgsreihe
„Der Letzte seines Standes …" stellen: Dealer im Internet schädigten
die Autoren durch billigen Verkauf von deren Filmen. Im Produk-
tionsvertrag mit dem Sender war vorgesehen, dass sich die Autoren
durch VHS-Verkauf einen bescheidenen Gewinn am Produkt sichern
konnten, worauf im Abspann hingewiesen wurde.

Der Musiker Sven Regener sprudelte Anfang 2012 seinen Missmut
über die nun gängigen Methoden in ein Mikrofon des „Zündfunks"
von Bayern 2. Ins Gesicht werde den Künstlern gepinkelt. Der Begriff Urheberrecht sei inzwischen „uncool". Google sei unverschämt
bei seinen Gewinnen, weil die Künstler leer ausgingen bei den auf
You Tube abgespielten Videos. Trotz heftigster Kritik aus dem Lager
der User nach diesem „Sich-Outen" eines Betroffenen publizierten
51 Autoren der Reihe „Tatort" einen offenen Brief an die Politik. Die
Debatte kaschiere Rechtsverstöße, die zum Freiheitsakt hochgejazzt
würden. Die Politik solle die „Finger von den Schonfristen lassen, und

bitte nicht jede Missbrauchskontrolle bei Providern und Usern gleich
als definitiven Untergang des Abendlands anprangern" (Website des
Verbands deutscher Drehbuchautoren, www.drehbuchautoren.de).

Das Internet als weltweites Massenmedium fordert schon seit
längerem zu einer Neuregelung der Distribution von Inhalten
auf der internationalen politischen Bühne heraus. Doch die
Verschmelzung von geistigem Eigentum (als Grundrecht) mit
einer angemessenen Bezahlstruktur (als ökonomischem Ord-
nungsfaktor) bereitet schon auf nationaler Ebene Kopfzerbre-
chen. Die von Nutzerseite zahlenmäßig wachsenden Gegenpositionen hierzu, vor allem gebündelt in der Piratenpartei,
verändern die politische Landschaft.

5.6.4

Nationale Vor-
gaben für die
Streitentschei-
dung

Ein deutscher Verwalter für Urheberrechte, die GEMA mit den
von ihr vertretenen 65 000 Komponisten, Textdichtern und
Verlegern, und die zum Google-Konzern gehörende größte Vi-
deoplattform der Welt, YouTube streiten seit Jahren um die
Tantiemen der Rechteinhaber aus der Musikbranche, die Videos zum Klingen bringen. Denn diese erhielten gegen das
deutsche Urheberrecht zunächst nichts für Ihre schöpferi-
sche Mitwirkung. Die Urheberrechtskammer des Landgerichts
Hamburg hat sich um Interessenausgleich bemüht, als es im
April 2012 entschied, die eigentlichen Verletzer des Urheber-
rechts und damit Täter seien die Internetnutzer, wenn sie ein
solches Video hochladen; die Plattform YouTube sei allerdings
in die Haftung als Störer zu nehmen, weil sie diese Rechtsver-
letzung erst ermögliche. Deshalb habe sie alle Titel zu sperren,
auf denen Rechte liegen, die die GEMA vertritt (LG Hamburg,
AZ 310 O 461/10).
  Diese Vorgabe einer Richtung kann sich aber nur für
Deutschland auswirken, so dass in der Praxis solche Videos
auch aus dem Ausland – rechtswidrig – bezogen werden kön-

nen. Was aber mit diesem Präzedenzfall angestoßen wurde, ist die Verhandlung über die Höhe und die Struktur der Vergütung, die nun YouTube beim Einstellen auf seine Plattform zu leisten hat.

An diesem Beispiel zeigt sich erneut, dass Recht und Ökonomie einer einheitlichen Betrachtung im Kristallisationspunkt O des Magischen Dreiecks bedürfen, und auch, wie technische Variablen über die Programmnutzung die Ordnungsfaktoren beeinflussen.

Denn die grundsätzliche Lösung für die Finanzierung der Distribution von urheberrechtsfähigen Inhalten via Internet ist auch mit dieser Entscheidung noch nicht in Sicht. Diskutiert werden – über die Zahlung an und die Verteilung durch Verwalterorganisationen von Urheberrechten – einige Denkmodelle:

Beim *Crowdfunding,* der so genannten Schwarmfinanzierung, wird eine Idee vor ihrer Realisierung auf einer Crowdfundingplattform beschrieben und in sozialen Netzwerken beworben. So will man viele Kleininvestoren gewinnen, die dann auch am Erlös beteiligt werden. So sind für Filmprojekte schon sechsstellige Summen zusammengekommen.

Weil die *Mäzenatenfinanzierung* als klassisches Modell allerdings in den wenigsten Fällen erfolgreich sein dürfte, denkt man auch an viele Kleinmäzene.

Im *Socialpayment* zahlen viele Internetnutzer freiwillig monatliche Kleinbeträge. Ein kompliziertes Buttonsystem lenkt dann so eingesammelte Beträge an Ton- oder Video-Künstler, die man schätzt.

Einfach dagegen klingt das Modell einer *Kultur-Abo-Flatrate.* Da könnte mit dem Internetanschluss ein monatlicher Betrag für unbeschränktes Herunterladen fällig werden, vergleichbar der (einmaligen) Copyrightabgabe beim Kauf eines Kopiergeräts. Die Mittelverteilung aber wäre durch Ermittlung der jeweiligen Höhe für die Berechtigten entweder ein unzulässiger Datenzugriff auf die User oder aber ungerecht, jedenfalls

Denkmodelle für Vergütungen

würde das gesammelte Geld im Wesentlichen in einer kompli-
zierten Verwaltung versanden.

Die digitale Distribution (T) von Inhalten (P) bedarf eines allgemein gültigen Vergütungskonzepts (O), das sich an der Con-
tentnutzung (P) orientiert. Die dematerialisierte Technik fordert eine grundsätzlich neue Herangehensweise.

5.6.5 Medienstrukturen

Der Begriff Medienstrukturen spricht sowohl den inneren Aufbau eines Unternehmens als auch das externe Zusammenwirken der Medien an.

Für die innere Seite gilt es, eine jeweils dem Unterneh-
mensziel und dem Umfang der Tätigkeiten entsprechende Organisationsform zu finden. Dabei ist das oben erörterte Thema
des Tendenzbetriebs mit den spezifischen arbeitsrechtlichen
Folgen (und der Zielvorstellung, dass sich damit im Medien-
markt Außenpluralismus einstellt) bzw. die binnenpluralistisch
zu gestaltende Struktur einer öffentlich-rechtlichen Rundfunkanstalt prägend.

Je nach Art der Nutzung und Verbreitung der Inhalte kommt
es zu crossmedialen Strukturen, etwa der sog. Trimedialität des
Rundfunks (Hf, Fs, Internet) und auch der Tri- oder Bimedialität der Presse, soweit diese sich im Internet bzw. zusätzlich au-
diovisuell betätigt.

In diesen neuen Entwicklungsbereichen liegt viel Potential, sowohl der Contentverbreitung als auch der juristischen
Auseinandersetzung wegen der Positionierungen und Chancen am Markt. Es ist verständlich, dass Verleger die gebühren-
finanzierten Bestrebungen der Sender zurückdrängen wollen,
andererseits werden vorhandene und bereitgestellte Inhalte
der Öffentlich-Rechtlichen nach kurzen Fristen der Öffentlichkeit vorenthalten. Die sonst mögliche Perpetuierung der Netzbotschaften findet im sog. Dreistufenmodell der Begrenzung

von Netzbotschaften der öffentlich-rechtlichen Sender ein rasches Ende.

Die für die Zukunft entscheidende Frage für die i n t e r n e Medienstruktur wird sein:

Fragen an die
Zukunft

Welche Konstruktion (O) verhilft dazu, das Überleben des Unternehmens für einen überschaubaren Zeitraum von fünf bis fünfzehn Jahren mit welchen abgerufenen Inhalten (P) mittels welchen technischen Mediums (T) zu sichern?

Für die ä u ß e r e Medienstruktur, also die Komplementarität in Ergänzung, Zusammenwirken und Konkurrenz innerhalb des Kommunikationsraums eines Landes kommt es darauf an, dessen *Verfassungsziele von Menschenwürde und Meinungspluralismus und von Medienfreiheit und sozial gebundenem Eigentum zu gewährleisten.*

6 Programmqualität

Qualität des Programms ist für Empfänger wie Sender von ent- **Die Basis** scheidender Relevanz; wir können sie im Magischen Dreieck **der Qualität** verorten:

Qualität des Programms fußt auf der *Organisation,* nämlich der jeweiligen Aufgabe und Intention des Mediums, in seinem Selbstverständnis, in seiner beabsichtigten Öffentlichkeitswirkung (wie bereits unter 3. angedeutet), im Einsatz von Finanzmitteln oder in strukturellen Voraussetzungen wie etwa die Unabhängigkeit. In diesem Kapitel erkennen wir also Programmqualität (P) als Ergebnis von Bedingungen der Organisation (O).

Technisch kann Programmqualität als Signalstärke und Pixelmaß gemessen werden. Programmqualität ist aber ebenso zwingend von der Nutzung der dem jeweiligen Medium zu Gebote (nicht zur Verfügung, das wäre zu beliebig) stehenden handwerklich technischen Möglichkeiten bis in die Details (T) abhängig. Das Spiel auf dieser Klaviatur zu beherrschen, bedarf ständiger Übung und Reflexion der Kommunikatoren. Deren persönliche ideelle oder ethische Einstellung zu Ihrer Tätigkeit beeinflusst die Qualität maßgeblich.

Die Qualität als Botschaft oder *Programm* ist ein Buch mit sieben Siegeln, welche die Journalistenausbildung aufzubrechen hat.

Qualität dient dem Leser, Hörer, Zuschauer, Quote dem Sen- **Qualität macht** der, könnte man deren Wechselspiel herunter brechen. Quali- **Spaß** tät statt Quote, das wäre in dieser Ausschließlichkeit unzulässig.

Qualität statt Quote, darauf reimt sich außer Zote: Don Quijote. Also ein aussichtsloser Kampf? Ein naiver Ritter erficht mit der Bildungskeule nichts. Die Qualität ist weiblich,

ihre Waffe ist – die Erotik. Attraktivität ist der Motor der Evolution, und die Hirnforscher wissen „The brain runs on fun".
So gilt auch fürs Fernsehprogramm: Ein positiver Reiz muss
von ihm ausgehen. Qualitätsprogramm muss eine gewisse Erotik ausstrahlen, einen Reiz, der beim Zuschauer Saiten zum
Schwingen bringt, die nicht ausgeleiert sind und nachschep-
pern. Die vielen Saiten, die schwingen können, die vielen Fa-
cetten des Zuschauers, des unbekannten Wesens, um einen be-
kannten Aufklärer zu zitieren, die müssen ertastet, gefühlt und
gefunden werden. Soviel vorab, damit bei dem Anspruch des
Themas nicht der Spaß vergeht. (Diese Systematisierung greift
zurück auf Beiträge des Autors in Zs „Funkkorrespondenz" des
Rheinischen Merkur v. April 07, auf Vorträge beim Medien-
campus Bayern und die Darstellung im Beitrag „Leimt uns das
Fernsehen? Maßstab für die Integration der Gesellschaft: Qualität oder Quote", in M. Schröder (Hg.), „Medien – Spaltpilze
der Gesellschaft?", München, 2008.)

Programmqualität lässt sich systematisieren. Sie besitzt eine neu-
trale und eine wertende Komponente.

6.1   Die neutrale Komponente: Geist und Ware

Programm der Massenkommunikationsmedien ist Wirtschaftsgut *und* Botschaft, ist deshalb abhängig von seinem Auftrag
und dessen Finanzierung, ist Quote, ist Qualität, irgendeine, ist
immer Selektion und Manipulation, ist Eingriff, ist Trost und
Trostlosigkeit, ist Veränderung des Realen…

Doppelnatur   In seiner Doppelnatur als *Ware* und als *Botschaft* ist Fernsehprogramm eben nicht Margarine, wie dies prominente Ver-
treter des Kommerzfernsehens gerne betonen, um die allgemeinen Regeln des freien Markts für TV-Programme
durchzusetzen und damit den Kulturauftrag wegzudiskutieren
(vgl. unten bei 7.2.12.).
       Dieser Standpunkt bestätigt weitgehend die kritische Auf-

fassung der Frankfurter Schule, die Kultur durch die Medien zum Wirtschaftsgut verkommen sieht (vgl. oben bei 2.). Diesen Kulturauftrag mit entsprechend schützenden Rechtsfolgen hat allerdings das Rundfunkurteil des Bundesverfassungsgerichts am 11. September 2007 ausdrücklich bestätigt.

Als Ware kann Programm durchaus wie Margarine gehandelt werden, da kann ein funktionierender Markt Qualität verbessern und das Produkt in der Konkurrenz verbilligen. Aber die Botschaft entzieht sich den Gesetzen des Markts, augenfällig bei der Quotenjagd. Mit dieser Unterscheidung in Ware und Botschaft ist schon viel Einsicht gewonnen, die sog. Medienpolitikern oft abgeht, denkt man nur an die Absicht der „Harmonisierung" des Medienrechts in Europa, also an die ökonomisch gedachte Angleichung durch Einebnung, an europäische Förderrichtlinien, wo es nur auf internationale Kooperationen, nicht auf Inhalte ankommt, oder an unsere so genannte Standortpolitik, die Programmeinkäufern und Quotentreibern meist ohne Rücksicht auf die vorhandene kreative Potenz der vielen freien Journalisten und Produzenten den Vorzug geben. Gerade auch deshalb muss Medienausbildung die ökonomische Seite im Blick haben; Kenntnisse von Kalkulationsgrundlagen zumindest brauchen angestellte wie freie Journalisten (siehe oben 5.6.)

Die **wertende Komponente** der Qualität ist in ihren *strukturellen (6.2.), ethischen (6.3.), handwerklichen (6.4.) und intellektuellen* Bedingungen (6.5.) zu erkennen.

6.2   Struktur als Qualität

Strukturell ist die *Unabhängigkeit* in politischer, wirtschaftlicher und sozialer Hinsicht eine Grundbedingung von journalistischer Qualität – auch hier die Rückkopplung von Programm und Organisation.

Unabhängigkeit

Deshalb unterscheidet sich auch *Journalismus* von *Public*

Relations fundamental. Journalismus ist vom Interesse an sachgerechter Erkenntnis und Vermittlung geprägt, PR vom Interesse eines Auftraggebers. Das Erfordernis nach Trennung von
Werbung und redaktionellem Teil ist ein Ausfluss dieser Interessenlage und dient dem Schutz des Rezipienten. Dennoch
dringt in der Praxis die Verwischung dieser Grundpositionen
vor. Umso wichtiger, dass die *Ausbildung* diese Unterscheidung
betont. Denn Lobbystrukturen der Wirtschaft durchwuchern
die freie Kommunikation unserer Gesellschaft immer stärker
zum Nachteil von Klarheit, Lebendigkeit und Erneuerung.

Themenvielfalt
und Meinungs-
vielfalt

Des Weiteren gehört zu den Grundbedingungen von Programmqualität die *Vielfalt* der für eine vitale Gesellschaft relevanten Themen. Diese „Universalität" des Spektrums hat schon
der Zeitungswissenschaftler Otto Groth für das Printmedium
als konstitutiv betrachtet, genauso wie die Merkmale der Aktualität, der Periodizität und der Publizität (in seiner Abhandlung über die Zeitung als „Die unerkannte Kulturmacht", Berlin 1960/72).

Eine weitere Grundbedingung für den Strukturaspekt der
Qualität findet sich in der Möglichkeit eines Meinungs*pluralismus* bei der Betrachtung und Behandlung aller Einzelthemen.
Diese Bedingung, die aus dem Merkmal der Unabhängigkeit
entspringt, entspricht dem Grundrecht der Meinungs*freiheit*
als allgemeinem Menschenrecht und fördert dieses auch als
Basis öffentlicher Meinungen. Die freie Meinungs*bildung* wiederum gründet auf der aktiven und passiven Freiheit der Information. Diese verlangt nach einer vielfältigen Kommuni-
kations- und Medienstruktur (vgl. oben bei 5.3., Vielfalt als
Immunsystem). So leuchtet ein, dass Qualität von Medien-
programm auch immer an der Verfassung der freiheitlichen
Demokratie zu messen ist, da sie für deren Zustand prägend
wirkt.

Geistreiches zur
Geisterstunde

Schließlich ist als strukturelles Qualitätsmerkmal die *Angebotsweise* der Themen anzuerkennen. Was kann man wann
wie aufbereitet als Leser, Hörer, Zuschauer wahrnehmen? Ali-
bifunktion für Wesentliches irgendwo irgendwann etwa im öf-

fentlich-rechtlichen Fernsehprogramm, das gilt nicht. Die Pro-
grammstruktur, der Tagesfahrplan, ist das Schaufenster des
Angebots.

Deshalb muss auch das Wechselspiel von Geld und Geist,
von Quote und Qualität seinen Niederschlag im Programmschema finden – und zwar zugunsten des Geistes, je mehr das
Geld als Gebühr zufließt.

Diese Grundlagen gehören ins Studium. Doch es fällt auf, Curricula
wie wenigen Studierenden bewusst ist, dass unsere Medien-
staatsverträge etwas mit der Kulturhoheit der Länder im fö-
deralistischen System zu tun haben; oder es erschließen sich
ihnen andere Rahmenbedingungen journalistischen Arbeitens nur schwer wie auch die Notwendigkeit von Binnen- bzw.
Außenpluralismus.

Die in der Bolognareform gewollten Verdichtungs- und Be-
schleunigungstendenzen lassen sich durch *mehrgleisige Studiengänge* sinnvoll kompensieren: etwa durch Kombinationen
mit Recht, Sozialwissenschaften, Wirtschaft oder mit Kulturwissenschaften und Sprachen, mit Technik und Naturwissenschaften. Ein Mindestmaß an Internationalität wird unseren
Studiengängen heute zurecht abgefordert. Überhaupt sind Kultur und interkulturelle Kompetenz unverzichtbar.

Allerdings entstehen so auch Medienstudiengänge, die man
sich hinsichtlich der journalistischen curricularen Grundaus-
stattung sehr genau anschauen muss. Hier hat das Akkreditie-
rungsverfahren immer wieder größte Defizite aufgezeigt, weil
zu viele Hochschulen auf der Höhe der Zeit modisch Medienstudiengänge anbieten möchten, ohne dafür ausreichend gerüstet zu sein, und weil Studierende in Scharen „irgend etwas mit
Medien" anfangen wollen (Vgl. oben bei 4.4).

6.3   Ethik als Qualität

Verantwortung   *Ethik im Journalismus* ist als Studieninhalt weder Luxus noch
Moralin. Das sei mit einem äußeren und einem inneren Merk-
mal belegt.

Es geht um darzustellende Situationen und Fakten und um
wiederzugebende, meist empfangene Informationen hierüber,
also um objektive Gegebenheiten und ihre Widerspiegelung in
der Darstellung, es geht um die *Wahrheit,* mit der schon Pilatus
in seiner berühmten Frage an die Juden seine Probleme hatte.

Der Umgang mit ihr bildet die innere Seite des Ethos, die
Wahrhaftigkeit. Breiter und praxisbezogener meint dies das
Verantwortungsbewusstsein: Bemühen um Annäherung an die
Objektivität, ja vorher schon um Wahl und Selektion des Themas und dessen Ausschnitts, es geht um das gesamte Spektrum
von der Linie eines Blatts, von der Programmphilosophie bis
hin zur Einzelnachricht und zum zumutbaren oder verantwort-
baren Bild – z. B. um die Abwägung zwischen *öffentlichem Interesse und Voyeurismus.*

Insofern ist die wissenschaftliche Ausbildung von Medien-
schaffenden auch ein Stück Persönlichkeitsbildung.

Dabei wird sofort einsichtig, dass die Vermittlung von *Kom-
munikationsgeschichte* als einer Geschichte des beschwerlichen
Kampfs für die passive und aktive Informationsfreiheit, für die
Meinungsäußerungs- und die Medienfreiheit unerlässlicher
Bildungsauftrag ist, aus dem die Wertschätzung dieser Frei-
heitsgrundsätze erwächst. Diese Haltung darf nicht nur NGOs
wie „Reporter ohne Grenzen" oder „Amnesty International"
überlassen werden, denn die Medienfreiheiten stehen in im-
manenter Konkurrenz zur Macht und sind deshalb auch stets
gefährdet.

Wie stark die Wechselwirkung im Magischen Dreieck vom Programm zur Organisation wirkt, konnte man beim Fall (im doppelten Sinn) von „News of the World" erleben. Der Reporter
des „Guardian" Nick Davies machte dessen Namen alle Ehre,

indem er die Praktiken des Murdochkonzerns recherchierte und einen Filz von Medien, Polizei und Politik aufdeckte, der vor den schlimmsten Manipulationen nicht halt machte. Ein Programm, das systematische Datenverletzung und Korruption, sogar durch abgehörte Telefonate von Verbrechensopfern die Sensationslust des Publikums bediente und beförderte, konnte wegen seines wirtschaftlichen Erfolgs eine krakenförmige Medien-Organisation aufbauen, die sich gerade angeschickt hatte, auch den größten Fernsehsender Englands zu schlucken.

Eine andere Ausprägung ethischer Regelverletzung ist die Verkennung der Wertigkeiten, wenn neben berechtigten moralischen Einwänden gegen das Verhalten einer Person die Motive Schadenfreude, Häme und politisches oder taktisches Kalkül einen Medienhype auslösen (vgl. hierzu das bei 4.6.2. als „Schreispirale" Ausgeführte und vgl. 9.4 zum Wertmaßstab in der digitalen Überschwemmung).

6.4 Handwerk als Qualität

Handwerklich wird angehenden Journalisten vieles nahe gelegt. Als ergiebig für die Merkmale *Objektivität, Verständlichkeit, Merkbarkeit* und *Genuss* werden hier diese Betrachtungsebenen in die Diskussion und in die Lehre eingeführt: Aufgabenstellung, Struktur, Rhythmus und Redundanz.

6.4.1 Sich der Aufgabe stellen

Der Kommunikator muss wissen, was er kommuniziert. Die stoffliche Auf-Bereitung bedarf der Vor-Bereitung. Dabei geht es um *Lauterkeit* schon von der Quelle her. Dem Bild des von der Quelle her ungetrübten Wassers entspricht dieses vielleicht altmodische Wort Lauterkeit am besten, auch wenn viele nur noch das Wort „unlauter" (etwa beim unlauteren Wettbewerb)

Die Recherche ist die Basis

verstehen. Hier kommt also die eigene Recherche ins Spiel,
die Basis aller journalistischen Arbeit. Das Internet ist heute
ebenso eine große Hilfe, wie es Verführung durch Aufwands-
und Zeitersparnis ist. Es darf nie nur eine Quelle geben. Und
die Zuverlässigkeit ist auch jeweils zu überprüfen.

Eine immer wichtigere Aufgabe stellt sich in der Abgrenzung des Journalismus mit seinem Ideal der Unabhängigkeit
von den in Abhängigkeit dienenden Public Relations. Das Ausblenden persönlicher Interessen, die pekuniären, Karriere för-
derlichen oder schlicht die, Gefallen zu finden, gehören in diesen Zusammenhang. Solche Gewissenhaftigkeit ist durchaus
handwerklich gemeint – den Regeln wie beim Erkenntnisge-
winn wissenschaftlichen Arbeitens vergleichbar. Und dennoch
muss sich zusätzlich jeder Journalist bewusst machen und ein-
gestehen, dass er bei jedem Schritt der Bearbeitung zwangsläufig manipuliert (siehe oben bei 2.5.1)

6.4.2 Die Struktur der Botschaft

Die erste
Schwelle über-
winden: Das
Verstehen

Während wir uns oben bei 6.2. über Strukturfragen innerhalb
des Kristallisationspunkts „Organisation" des Magischen Dreiecks befassten, geht es bei der Struktur der Botschaft um einen
Tatbestand innerhalb des Kristallisationspunkts „Programm".

Weil alle Mühe der Gestaltung ohne *Verständlichkeit* nichts
nützt, beginnt die handwerkliche Aufbereitung nach der re-
cherchierenden Vorbereitung mit der **Struktur** des Stoffes, seiner Logik und des „teile und herrsche". In der Didaktik sind
die Grob- und Feinlernziele angesprochen, in der Rhetorik die
klassische Abfolge von Conciliando – Docendo – Permovendo
und in jeder journalistischen Botschaft der zwingende Aufbau.

Die Verstehbarkeit verlangt zunächst treffsicheren Umgang
mit *Sprache*. Jedes Milieu hat übrigens seine eigene. Wissen-
schaftlersprachen zum Beispiel, die sich auch noch deutlich
nach ihren Disziplinen unterscheiden, haben mehrere Funktionen: Sie wollen Verständigung unter Insidern fördern, sie

wollen aber auch Bedeutsamkeit vermitteln und ausgrenzen. Kommen Studenten zum Journalismus, müssen sie gerade in Deutschland umlernen, müssen von ihrer antrainierten Seminarsprache Abschied nehmen und allgemein verständlich noch präziser formulieren, als es beim gelegentlichen Versteckspiel hinter akademischen Verbalnebelkerzen möglich war.

Die Verstehbarkeit verlangt auch den treffsicheren Umgang mit Sprachbildern (Text, Audio) und Bildersprache (Video), die beide als Gleichnisse Komplexes durch Veranschaulichen auf den Punkt bringen können. (Hierzu unten 6.4.3.)

Sprachbild und Bildsprache

Diese Sprachebenen sind eingebettet in die Struktur als dem Gerüst, das hilft aufzurichten und zusammenzuhalten. An ihr erkennt der Verfasser einer Botschaft, ob seine Ausführungen in ihrer Abfolge zielführend und logisch sind. Der Rezipient folgt ihm dann auch, zumindest in der Erkenntnis der Aussage, noch nicht in der Anerkenntnis.

Die Struktur ist das rationale Element der Botschaft.

6.4.3 Rhythmus als Genussrezept

Damit gelangt man zur handwerklichen Ebene der *Genießbarkeit*. Ein Reiz muss von dem Werk ausgehen, es muss intellektuell und/oder sinnlich, ästhetisch ansprechen, um gern wahrgenommen zu werden.

Wie Musik ihren **Rhythmus** hat, braucht auch die Botschaft den ihren – Tempowechsel und Nachdenkpausen.

Selbst für kleinste Details hat dieser Aspekt Bedeutung: Die Medienpsychologin Herta Sturm hat auf die Bruchteilsekundenpause zum Erfassen eines Satzes aufmerksam gemacht. Das direkte Weiterlesen oder Dranschneiden der nächsten Äußerung verhindere die Wahrnehmung des eben Gesagten.

Der Takt macht die Musik

Der Musikwissenschaftler und Filmkomponist Enjott Schneider weist auf die Bedeutung des ungeraden Takts, also drei Viertel, sechs Achtel und so fort im Gegensatz zur „Preußischen Marschmitte" der Vier-Viertel-Einteilung hin, wie sie in der Gegenwartsmusik, v. a. in Pop und Discosound besonders ausgeprägt sei (Norbert Jürgen Schneider, Die Kunst des Teilens. Zeit, Rhythmus und Zahl, München 1991, und in div. Wissenschafts- und Mediensendungen des Autors, BR). Gerade für den Filmschnitt sei der schwebende, der ungerade Rhythmus günstig, weil er den Rhythmus des Bildschnitts nicht beeinträchtige und dessen gelegentliche Schwächen überspiele. Die Abgehobenheit des Schwebens unterstütze auch die Gedankenführung. Drei Viertel, das ist eben nicht nur Wiener Walzer. So begleitet eine melancholische Oboe im Dreivierteltakt Sterben und Seele der Bäuerin in Joseph Vilsmaiers Film „Herbstmilch" (nach dem Buch von Anna Wimschneider).

Rhythmus schlägt sich in der Sprache nieder und im Fluss der Bewegungen – denjenigen vor der Kamera und denjenigen des Objektivs – und in der Folge der Bilder, wie sie in der Postproduktion am Schneidetisch komponiert werden.

Und weil Abwechslung erfreut, sind Tempiwechsel nicht nur in der Musik erfrischendes Element, sondern in jeder zeitlichen Abfolge, in der Gestaltung eines Textes, eines Films, eigentlich auch in der unseres Lebens.

So findet der Rhythmus in jeder Phase und Form der Gestaltung seinen Niederschlag.

Der Rhythmus ist die emotionale Komponente der Botschaft.

6.4.4 Die Redundanz – ihre rationale und ihre emotionale Komponente

Warum ist
Redundanz
nötig?

Zum Verstehen Können bedarf es auch eines Positionswechsels des Betrachterstandpunkts: Ein Dreieck wird als Dreieck wahrgenommen und erst dann als Pyramide erkannt, wenn die Kamera zur Seite rückt. Auch diese Perspektive reicht nicht zur Beurteilung, wie viele Seiten die Pyramide hat. Erst der Blick von oben zeigt uns das.

Verallgemeinernd gilt also: Ein Gegenstand will von verschiedenen Seiten gesehen werden, um erfasst zu sein. Nur so wird er plastisch und greifbar. Umso wichtiger ist dieser Wechsel des Blicks bei abstrakten Gegenständen, um sie anschaulich werden zu lassen. Das sei als die *rationale Seite notwendiger Redundanz* eingeführt. Sie ist eine Bedingung der Verständlichkeit.

Dies kann übrigens mit der eben angesprochenen Metaphorik auch gut geleistet werden, da wir dabei ja vom Denken in Worten zum Denken in Bildern zurückgeführt werden. Bilder tragen diese Redundanz in sich, sagt doch „ein Bild mehr als tausend Worte". Von der griechischen Wortbedeutung her ist das Übertragen, das anderswo Hintragen gemeint – durchaus vergleichbar dem Positionswechsel der Kamera. Metaphorik kann sich verbal, akustisch und optisch ausdrücken und führt in ihrer Sinnbildhaftigkeit, wenn passgenau, oft präziser zum Verständnis als die verbale Ausführung und hilft, die Expertensprachen aller Disziplinen allgemein verständlich umzusetzen, zu demokratisieren (vgl. hierzu T. Steiner in J. Mittelstraß/T. Steiner, „Wissenschaft verstehen", Reihe Forum Wissenschaft, Augsburg, 1996).

Die Bedeutung der Metapher

Zur Erheiterung ein schönes Beispiel, wie ein Sprachbild blumenreich misslingen kann (aus einer alten Sprachlehre): „Der Zahn der Zeit, der alle Tränen trocknet, wird auch über diese Wunde wieder Gras wachsen lassen." Da hilft auch keine Tetanusimpfung mehr. Bilder müssen zusammenpassen – bei den Sprachbildern und bei der Bildsprache. Audiovisuelle Metaphorik muss man gerade bei den Themen kultivieren, die an abfilmbaren Bildern, an Abbildern, arm sind, bei Beiträgen zu komplexen Sachverhalten, zu Abstraktionen oder solchen aus den Geisteswissenschaften. Das ist auch ein Grund, warum diese im Fernsehen so unterrepräsentiert sind. Bei Finanz- oder Steuerthemen in den täglichen Nachrichten nur immer Geldscheine regnen zu lassen unterstützt das Verstehen wenig.

Je komplexer ein Sachverhalt, desto höher die Anforderung an eine sachgerechte Reduktion und deren didaktische Umsetzung. Hier setzt die informative Grafik als Chance für die Verständigung ein. Wir kennen zur Genüge Tortenstücke und Bal-

Die Chancen graphischer Verdichtung

ken senkrecht wie waagrecht, durchaus hilfreich, aber oft auch
dröge.

Weil man immer deutlicher die Notwendigkeit der Reduktion von Komplexität in allen Bereichen spürt, nutzt man die
graphische Umsetzung heute selbstverständlich in der *Wissenschaft*. Die Diplomarbeit eines Wirtschaftsingenieurs etwa verlangt, dass die für Unternehmen in Handbüchern von vielen
hundert Seiten zusammengefassten betrieblichen Abläufe in
eine Prozesslandkarte übertragen werden – von der Projekt-
idee über die Realisierung, die Produktion durch Menschen
und Maschinen, die Zulieferketten, die Qualitätskontrolle bis
zum Vertrieb und zur Kunden(un)zufriedenheit, die dann wieder in die Produktoptimierung und die Preisgestaltung ein-
fließt. Weil nun einmal ein Bild trotz hoher Informationsdichte
unseren Wahrnehmungsgewohnheiten entgegenkommt, erkennt man auf solcher Faltgrafik in der Synopse plötzlich sehr
deutlich, wo es unnötige Verzweigungen oder parallele Abläufe
gibt, wo es zwickt oder wo Defizite festzustellen sind. In den im
Wortsinn unübersichtlichen rein sprachlichen Beschreibungen
bleibt dies oft verborgen. (Ein Hinweis auf das fraktale Prinzip
der Kommunikation, wie es im Kapitel zur Omnipräsenz des
Magischen Dreiecks beschrieben ist.)

Auch der *Journalismus* wendet sich bei den enormen Datenmengen aus dem Internet immer stärker den informativen
Grafiken zu. Infografiken zeigen in der Tagespresse, wie oft sich
eine Arbeit von Textstellen aus dem Internet bedient hat. Hirnforscher demonstrieren popularwissenschaftlich in ziemlich
deformierten Körperdarstellungen mit übergroßen Händen
oder Geschlechtsteilen, wie groß deren Areale im Gehirn repräsentiert sind. Geschichte, Demographie und Migration, Ex-
port, Konsum und Energiebedarf – alles lässt sich verständlich
in der Bildsprache vermitteln, wenn das Design stimmt und an-
regt – in TV und Internet auch als animierte Grafik.

Der Autor vermittelte in zweihundert Sendungen eines juristischen TV-Magazins (Fall auf Fall – Jedem sein Recht, BR,
ARD-ZDF Gemeinschaftsprogramm) zähen Rechtsstoff ver-

dichtet auf Fallgeschichten, persönliche Identifikationen er-
laubend und mit treffsicheren Cartoons der Besten ihrer Zunft
umgesetzt. Der Witz, der in der Qualität dieser graphischen
Bildsprache steckte, verband Informations- und Unterhal-
tungswert.

Im Blick auf die Verständlichkeit gilt auch der Vermeidung
der Bild – Text – Schere im Fernsehformat besonderes Augen-
merk, denn diese verwirrt auch den Aufmerksamen. Spricht der
Text also von etwas ganz anderem als dem Gezeigten, stören
sich die beiden Wahrnehmungskanäle gegenseitig. Sagt im Gegenteil der Kommentar zum Bild, was man ohnehin sieht, lang-
weilt er mit dieser falsch eingesetzten Redundanz. Der Text soll
das Bild ergänzen oder den Anstoß geben für eine Interpreta-
tion des Bildes durch den Betrachter, soll zum Abheben einladen oder auch – schweigen.

*Die Bild – Text –
Schere*

Der angemessene Einsatz von Geräuschen, Tönen, Klängen
und Musik im Audiokanal und von emotionsgeladener Visua-
lisierung ist ein weiteres, ein eigenes Thema für Verstehen und
Behalten.

Im Idealfall geht eine Botschaft den Weg von der Verständlichkeit zur *Merkbarkeit,* kann also beide Schwellen überschreiten. Die *Psychologie der Rezeption* ist ein Schlüssel für die
Botschaftsgestaltung. Wenn mit Gefühlen aufgemischt, funktioniert der Eintritt in den Speicher des Gedächtnisses besser –
auch dies eine Chance, aber ebenso eine Gefahr. Unterstützt
wird die Merkbarkeit auch durch besondere *Genussrezepte.*

Die Qualität eines Gemäldes, eines Musikstücks oder Ge-
dichts hängt wesentlich davon ab, dass sich bestimmte Muster
aufeinander abgestimmt wiederholen, und also nicht Beliebiges zusammengewürfelt wird. Das Thema mit Variationen, also
diese Form der *Redundanz,* beherrscht die Sinfonie und gibt
ihr das Profil der Unverwechselbarkeit, verleiht ihr den Ohr-
wurmeffekt, ganz ähnlich wie beim Volkslied oder dem erfolg-
reichen Schlager mit seinem Refrain. Techno-Musik ist übrigens Redundanz in Potenz. Wir betrachten hier die *emotionale*

*Emotionale
Redundanz:
Das Erfolgsge-
heimnis des
Musters*

Komponente der Redundanz. Redundanz meint in diesem Zu-sammenhang nicht nur inhaltliche Wiederholung desselben, sondern vor allem dessen Variation. Es geht hierbei nicht um das Betrachten eines Gegenstands von verschiedenen Seiten wie eben bei der rationalen Komponente der Redundanz. Hier in der emotionalen Form der Redundanz sollen sich nämlich zum Heraustreten des Profils in der Gestaltung eines Textes, ähnlich der Lyrik, eines Hörbilds oder Films gezielt bestimmte Elemente wiederholen. In jedem Fernsehformat sollten die formalen Elemente der Bild-, Schnitt-, Trick- und der Tonebene aufeinander abgestimmt wiederkehren. Das berücksichtigt intuitiv auch ein Maler vor seiner Leinwand beim Einsatz seiner Farben und Formen. Formale Schlüssigkeit unterstützt die inhaltliche. Und Beliebigkeit ist der Feind der Beliebtheit.

Genießbarkeit bedeutet Entgegenkommen und Mitnehmen – nicht zuletzt mit Charme.

Bei Sendungen mit Reihencharakter kommt es auf Corporate Design mit dem Effekt der Wiedererkennung durch optische und akustische Redundanz entscheidend an, schon beginnend beim gleich gestalteten Trailer, Teaser oder Opening. (Sie erkennen die seit Jahrzehnten gleichen, nur in der Tonfarbe veränderten sechs Töne des Tagesschau-Openers sofort, aber können Sie diese auch summend abrufen? Kleine Hilfe: zur Vorbereitung auf schlechte Nachrichten übrigens in Moll. Jetzt Sie: …… Gut!)

Das Verstehen
verstehen

Also: Zum Nachvollzug braucht es die *rationale Komponente einer klaren Struktur,* zum Dranbleiben braucht es den richtigen *Rhythmus als emotionale Komponente* und zum Verstehen, Genießen und Merken Können die beschriebene Form von gestalterischer *Redundanz,* die sich als *rational* beziehungsweise als *emotional* erweist.

So ist audiovisuelles Gestalten Kunst.

Filmschnitt und
Gehirn

Hierzu ein kleiner Exkurs, weil wir im Rahmen dieser Betrachtung im Wesentlichen auf die allgemeinen Qualitätsmerkmale abheben und nicht auf die spezifischen jeder Gestaltungsform, was mit diesem Beispiel angetippt sei:

Es war in der Villa Malaparte auf Capri bei einem Symposion zum Komplex „Augen-Blick, Augen-Licht", zu dem der Münchner Kunstprofessor Hans Daucher zu fünf je ganztägigen Referaten mit Diskussion und zum Malen eingeladen hatte. Das Spektrum unseres Sehens war dort außerdem abgedeckt durch Marino Lazzaroni, einen Kreativitätsforscher, der die Mnemotechnik als Verknüpfung von Bildern mit zu erinnernden Sachverhalten demonstrierte, mit Dieter Vaitl von der medizinischen Psychologie der Uni Gießen, der erläuterte, was mit Bildern in unseren Köpfen geschieht, mit dem Hirnforscher Wolf Singer vom Frankfurter Max Plank-Institut für Hirnforschung, der die visuelle Wahrnehmung und Verarbeitung aufzeigte und mit dem Autor, der die Bilderproduktion des Fernsehens unter die Lupe nahm. Dieser stellte bei der Betrachtung der handwerklichen Ebene die verschiedenen Möglichkeiten des Lichtsetzens für bestimmte Effekte und die Filmschnittregeln dar – will man nicht legitimerweise mit irritierenden Schnitten besondere Aufmerksamkeit erheischen. Mit diesen Regeln, wie also: aus dem Schwenk zum Stand, aus der Bewegung in die Bewegung, der Dreisprung von der Totalen über die Halbtotale zur nahen Großeinstellung, die zurückhaltende Form der Überblendung usw., wolle man im Filmschnitt ein unauffälliges Fließen der Wahrnehmung erzeugen, so dass nur die Schnittfehler als ein Holpern empfunden würden. Da griff der Hirnforscher Singer mit der Bemerkung ein, das sei exakt die Berücksichtigung, ja eine Antizipierung der visuellen Wahrnehmung und Verarbeitung im Gehirn, das im Übrigen unruhige Kopf- und Augenbewegungen analog ausgleiche.

So erweist sich Filmschnitt als Imitation, besser Simulierung physiologischer Prozesse.

6.5   Problemerkenntnis als Qualität

Beurteilen
von Zusammen-
hängen

Der Journalist braucht mehr als Handwerk. Entwicklung von Problemerkenntnis und Differenzieren ist ihm schon in den Lehrjahren abgefordert.

In der Hochschulausbildung von Kommunikations- und Medienleuten geht es viel zu häufig um Reproduzieren von abgehobenen Konstrukten und um Perfektionierung in der Spezialisierung statt um Schärfung von Urteilsvermögen, Gewichtung und Reflektieren der Zusammenhänge, also um *Problembewusstsein* und damit auch um die eigene Chancenerkennung für die *Gestaltungsmöglichkeiten* in der sich immer schneller wandelnden Welt.

Die Farben
der Kacheln des
Schwimmbads

Der Bamberger Psychologe Dietrich Dörner beklagt, dass unser Denken von der Ausbildung her auf Linearität und Monokausalität gedrillt sei, und das Denken in systematischen Zusammenhängen völlig vernachlässigt werde. In seinen Computersimulationen versagten fast alle Probanden. Da waren komplexe Situationen etwa für Bürgermeister einer Gemeinde in seiner virtuellen Kleinstadt „Lohhausen" vorgegeben mit 500 natürlich sich wechselseitig bedingenden Variablen. In den Versuchsreihen erwies sich: Die wichtigen ökonomischen und sozialen Gestaltungsfragen wurden nach anfänglichen Misserfolgen mehrheitlich schnell delegiert; am Ende entschied der Versuchsbürgermeister die Farben der Kacheln des kommunalen Schwimmbads. Im „Sahelzone-Experiment" ging es um Katastrophenbewältigung mit nur drei gestaltbaren Variablen. Fast alle Teilnehmer bohrten Tiefbrunnen, was nach kurzer Bewässerung zum Absinken des Grundwassers und weiterer Wüstenbildung führte. Das Geheimnis: Durch sensiblen Einsatz aller Variablen im Wechselspiel ist das System behutsam aus der Katastrophe zu steuern, kann sich Normalität langsam über eine Spiralbewegung nach oben herstellen. Ähnlich muss man wohl auch bei der Eurorettung verfahren. Es gibt kein erfolgreiches Hauruck in *komplexen* Notsituationen. Wie die Masse der

Versuchspersonen verinnerlichen dies generell zu wenige Politiker und auch zu wenige Journalisten.

Unsere präsente Vorstellung sei zunächst immer die von geraden Verläufen und nicht die von dynamisch progressiven: Lange dauert es, bis die Hälfte einer Ernte vom Schädling vernichtet ist, aber nur einen Tag später ist die Ernte ganz weg. Die Finanzkrisen lehren uns Ähnliches.

Erkennen und Beurteilen von Zusammenhängen und Berücksichtigung von Rückkopplungen machen das Problembewusstsein aus, das neben den hier aufgeführten Merkmalen journalistische Qualität kennzeichnet.

7 Gefahr der Abwärtsspirale

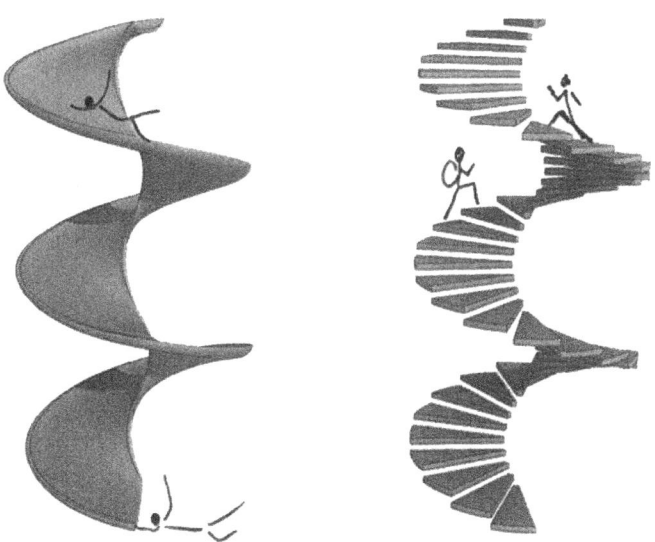

Abbildung 6   Bergab geht's schneller und leichter als bergauf.
Aber wo kommt man an?

7.1 Defizite der Qualität

Wenn sich dieses Kapitel den Gefahren für die Qualität wid-
met, so ist es als Gegenstück zum vorher behandelten Abschnitt
über die journalistischen Qualitätskriterien zu lesen. Tendenzen sind auszumachen, wonach es partiell und strukturell
bergab auf der Spirale geht. Man kann jedoch durchaus gegen-
läufige Impulse beobachten, die hier ebenfalls einfließen.

7.1.1

Zielkonflikte

Dass die beschriebene Zielvorstellung von Botschaftsqualität häufig nicht erreicht wird, erkennt man dort, wo das Geld vor allem am Kiosk, in der Tankstelle oder auf dem Boulevard verdient werden muss und nicht im Abonnement. Man kann es aber auch beim Fernsehprogramm verfolgen. Es betrifft nicht nur die Einzelsendung, eher das Angebot in seiner Gesamtstruktur.

Hauptursache ist der Zielkonflikt von Geist und Geld, von journalistischen oder künstlerischen Ambitionen und den Interessen der Vermarktung. Privates Fernsehen muss Schwarze Zahlen durch den Einschaltquoten angepasste Werbepreise erzielen. Öffentlich-rechtliches, gebühren- oder beitragsprivilegiertes Fernsehen, das ja staatsfern der gesamten Gesellschaft, also uns allen gehört, hat auf eine Qualität zu setzen, die mit „Integration der Gesellschaft" und mit der Eigenschaft als „Informations-, Kommunikations- und Kulturträger" vom Bundesverfassungsgericht umschrieben ist. Dieser Auftrag verpflichtet durchaus zu der Gratwanderung zwischen Qualität und Quote, weil Qualität ohne Akzeptanz den Integrationsauftrag ja nicht erfüllen hilft.

Doch es war eine Tendenz beim öffentlich-rechtlichen Rundfunk zu beobachten, dass die Bereitschaft für diese Gratwanderung ohne Not deutlich abnimmt – zu Lasten der Qualität und zu Gunsten der Quote in inhaltlicher Konvergenz zur kommerziellen Konkurrenz.

Zwei Missverständnisse sollen gar nicht erst aufkommen: Quotenorientierte Sendungen können hohes Unterhaltungs-, Spannungs- und Informationsniveau haben. Es sind meist die Highlights im Programm. Und: Im Bereich des Kommerzfernsehens gibt es durchaus Originalität und Innovationen von Rang.

Doch wie in der irrationalen Abkopplung der Finanzwelt von der Realwirtschaft erleben wir häufig auf dem Markt der Massenkommunikation wegen der Doppelfunktion des Programms, als Botschaft zu informieren und als Ware konsumiert zu werden, dessen Versagen als Dysfunktionalität des Marktgeschehens.

7.1.2

Letztlich geht es ja wie überall im Leben um das Verhältnis von Wahrheit und Interessen, um Klarheit einerseits und vordergründige persönliche, durchaus auch legitime Anliegen andererseits. Deshalb sei hier erlaubt, die Geschichte einer anderen Doppelfunktion zu berichten, die ein Licht auf Defizite wissenschaftlichen Arbeitens und die Berichterstattung hierüber werfen kann.

Analogie: Doppelte Zweckstruktur der Wissenschaft

Es war 1976, als der Autor im Wissenschaftsmagazin des Bayerischen Fernsehens den Sonderforschungsbereich zum Wandel der Berufe, angesiedelt am Institut für Soziologie der Universität München unter Leitung des Sprechers Karl Martin Bolte mit Hypothesen und ersten Ergebnissen vorstellen wollte. War es zunächst Wunsch der Assistenten, man möge doch die Bände gesammelter Aufsätze erst einmal lesen, so war es der Wunsch des Autors, Berufsbeispiele für den Wandel genannt zu bekommen. Da wurde offenbar, dass sich die drei Gesprächspartner des Filmemachers nicht über die Beispiele verständigen konnten. Man musste sich zweimal vertagen bis die Wissenschaftler schließlich vier Beispiele gefunden hatten, mit denen sie untereinander harmonierten. Der Filmbeitrag konnte dann die Forschung instruktiv vermitteln. Der Vorschlag des Fernsehmenschen war nun, diese sich im Vorfeld ergebenden Schwierigkeiten und Problemstellungen gewissermaßen als Metaebene in einem Studiogespräch zwischen den Filmen deutlich werden zu lassen, um wissenschaftliches Arbeiten transparent zu machen. Zunächst war man begeistert von der Idee, eierte aber dann im Studio um den heißen Brei herum. Der Autor brach als Modertor die Aufzeichnung ab und bat seine Gäste vor die Studiotüre zu dem Hinweis, dann müsse eben *er* von den Schwierigkeiten berichten, was doch unglücklich, weil nicht authentisch sei. Da gab der eine Gast sich und dem anderen einen Ruck, und im Studio ging es los:

Wissenschaft stehe unter der „doppelten Zweckstruktur, Ergebnisse zu finden und die berufliche Karriere zu sichern". Wissenschaftler müssten bei einem Forschungsvorhaben mit einer Förderung von drei Jahren vor Fristablauf erste spannende Ergebnisse vorweisen, die deutlich werden lassen, dass es sich lohne, den Auftrag um drei weitere Jahre zu verlängern. So lange brauche man eben neben der Uniroutine, der Arbeit mit den Studenten, für die Habilschrift. In der Zwischenzeit müsse man viel publizieren, dabei komme man nicht umhin, um denselben Stoff zu kreisen und dabei „wichtige Leute" so oft zu zitieren, „bis diese auf einen aufmerksam" würden. Natürlich müsse man auch bei Selbstverständlichkeiten die gehobene Fachsprache zelebrieren, um sich als Insider auszuweisen.

Das war der erste Fernsehauftritt des heute weltweit anerkannten Soziologen Ulrich Beck, der mit seinem Kollegen Michael Brater so vom Leder zog. Darin lag auch eine Erklärung, dass die Aufsätze in den Bänden friedlich nebeneinander standen, aber erst der Zwang zur exemplarischen Verdichtung und Spiegelung des ganzen Forschungsansatzes in einem anderen, dem audiovisuellen Medium, die unterschiedlichen Herangehensweisen, Gewichtungen und Bewertungen der Forscher verdeutlichte.

Der Autor rechnete seinen Gästen deren Zivilcourage hoch an, und sicher taten das auch die Zuschauer, nicht so Beschwerdeführer im Rundfunkrat. So dürfe man Wissenschaft nicht darstellen. Die Turbulenzen glätteten drei Worte des Sprechers des Sonderforschungsbereichs: „So ist es."

Heute, einige Jahrzehnte später, gibt es in den Wirtschaftswissenschaften mit genau diesen Argumenten einen Aufschrei von 93 Professoren „für eine Erneuerung der Ökonomie" (www. mem-wirtschaftsethik.de). Im Fach werde angesichts einer um sich greifenden Ökonomisierung im Sinne eines Marktradikalismus eine distanziertere Beobachtung „durch die sich gegenwärtig festgesetzten Karrieremuster verhindert". Bedeutsame Forschungsarbeiten würden von jungen Wissenschaftlern unterlassen, weil sie „wissenschaftlich keine Rendite" einbrächten. Schon gar nicht würden sie von der herrschenden Lehre abweichende Positionen publizieren wollen. Der Wissenschaftsrat solle Sorge tragen für eine „paradigmatische Pluralität von Sichtweisen".

Diese Problematik eines sich verfestigenden common sense der science community beherrscht letztlich alle Wissenschaften (vgl. 9.6.).

Dieser Effekt wird dadurch verstärkt, dass sich Wissenschaft gerade auch in den nicht streng naturwissenschaftlichen Fächern immerfort aus Literatur speist, die v. a. in jungen Forscherjahren massenhaft zum Karriereaufbau entstehen muss. Da sind dann große Emsigkeit, Bemühen um formale Perfektion und Anpassung an Mainstreams oder Positionen bestimmter Schulen eher bestimmend als eine gewisse Gelassenheit durch Unabhängigkeit und kritische Distanz des Überblicks, also einer Synopse von Erfahrungen, die in der Nähe zum Objekt der Beobachtung gewonnen wurden.

Qualitätsfernsehen braucht wie jede anspruchsvolle Publizistik solche Hintergründe und Aufklärung auf der Metaebene des Dargestellten. Dies kommt insgesamt zu kurz.

7.2 Dreizehn Auslöser des Abwärtsgleitens

Warum also insbesondere im Fernsehprogramm dessen Eigenschaft als Ware die Zwillingsschwester Botschaft schlägt, und damit die gesellschaftliche Prägung durch das Leitmedium Fernsehen eine problematische Entwicklung nimmt, sei an einzelnen Gründen dargestellt.

Es gilt die Feststellung, dass wir trotz aller berechtigten Kritik eines der besten Fernsehsysteme der Welt haben mit dem Dualen System von privaten Anbietern und öffentlich-rechtlichem Rundfunk. Dieser war nach dem Zweiten Weltkrieg ein

Geschenk der Zeitgeschichte aus Misstrauen der westlichen Alliierten und aus ihrer Hoffnung auf eine neue Demokratie.
Dass die öffentlich-rechtlichen Rundfunkanstalten als herausragende Kulturträger mit ihren Sinfonie- und Rundfunkorchestern, Chören und Ballett und als Auftraggeber für ein großes intellektuelles Potential an Journalisten, Filmemachern, Schauspielern und Künstlern sehr erfolgreich ins öffentliche Leben unserer Gesellschaft hineinwirken, ist ihr großes Verdienst. Zu diesem sind sie als größte und einflussreichste Informations- und Kulturträger auch verpflichtet.

Aber es gibt eben auch die Kehrseite, die eine Abwärtsspirale des Programmniveaus in Bewegung setzt. Neben der Quotenjagd, soweit diese unnötig ist, seien dafür einzelne *Gründe der Qualitätseinbuße* benannt (teilweise Anlehnung an T. Steiner: „Leimt uns das Fernsehen …", a. a. O. und Ausschnitte aus Vorträgen des Autors). Das Abwärtsrutschen ist im Prinzip weltweit zu beobachten. Mit unserer Rundfunkordnung hätten wir die Bremse in der Hand, besser: den Antrieb aufwärts.

7.2.1

Selbstbetrug der
Quotenmessung

Hier geht es nicht nur um die Überbewertung der **Quote**, das pfeifen die Spatzen von den Dächern. Es geht um die Folgen einer Falschbewertung und um Ungereimtheiten bei der Quotenermittlung.
Thesen:

- Der von den Sendern oft ins Feld geführte *Audienceflow*, wonach Plattes das Publikum an Anspruchsvolleres heranführt, funktioniert *nicht* bei der Jagd nach dem zappenden Zuschauer als scheuem Wild (vgl. 7.2.10).
- Die Messungen verleiten zur Bildung von nicht im gesellschaftlichen Auftrag der öffentlich-rechtlichen Rundfunkanstalten liegenden Standards.

Dem Massengeschmack hecheln die Sender nach, und er wird dadurch auch hergestellt und verstärkt. Dieses Aufschaukeln, eigentlich Abschaukeln in Homogenisierung und Nivellierung, gilt vor allem für gesellschaftliche Standards. Wie aus der regionalen kulturellen Tradition festlicher Trachten der Verschnitt der „Wiesnausrüstung" fürs Oktoberfest und jeglichen saufenden Ballermann wird, so wird aus den alten Weisen der Volksmusik die sog. „volkstümliche Musik", volkstümelnd und verdümmelnd auf prominentesten Programmplätzen.

Die Quote bildet Standards

Auch Menschenwürde ist ein kultureller Standard. Menschenwürde hat nicht nur eine körperliche Seite, auch eine sprachliche. Bei Kommerzsendern prägen Gerichts- und Psychoshows mit Volksdarstellern, denen Peinlichkeiten in den Mund gelegt werden, Dschungelcamps und Seelenstriptease massenhaft Sprache, Stil und Werte.

- Engagiertes Programm hat oft niedrige Quoten. Sender wiegen mit der Goldwaage. Und: Messungsergebnisse sind im Niedrigbereich verfälschbar. Wie viele Testpersonen manipulieren, wenn schon Schüler aus Testhaushalten in der Klasse stolz verkünden, sie würden für die „Simpsons" drücken, auch wenn sie nicht gucken dürften?
- Die Quotenbestimmung durch Konsumforschung taugt etwas für das Programm als Ware, sie taugt nichts für das Programm als Botschaft. Ja sie beeinträchtigt die Botschaftsnatur des Programms nachhaltig und setzt der Programmqualität zu.
- Die Quotenerhebung ist scheingenau, ja sie ist auch ungenau, was gerade bei den gesetzlich geforderten anspruchsvollen Programmen zu falschen Schlüssen verleitet. Während sich der scheinbar weiche Faktor Qualität sehr wohl härten lässt, erweist sich. der allgemein als hart gefühlte Faktor Quote bei genauerer Befassung als weitaus weniger belastbar, als er das mit seinem Zahlenwert vorgibt.

Die Quoten-
erhebung ist
scheingenau

Die Gefahren der Quotenmessung liegen im Glauben sowohl an deren Aussagekraft wie an deren Unfehlbarkeit.

Die die Zuschauerzahlen ermittelnde Gesellschaft für Konsumforschung (GfK) behauptet zwar nicht *Aufmerksamkeit* zu messen, doch gaukelt die Quote selbst eine *Zuwendung* vor. „Bügelprogramme" oder Standby-Fernsehformate genießen weit geringere Aufmerksamkeit als Nachrichten, Dokumentationen oder Wissenschaftssendungen, die gezielt ausgewählt werden.

Die Kommunikationsforschung US-amerikanischer Unis hat schon Mitte des letzten Jahrhunderts die große Bedeutung der *opinionleaders* für die Meinungsbildung der Gesellschaft herausgestellt – der Lehrer, der Pfarrer, Vereinsrepräsentanten, Politiker, der Wortführer in Familien und Gruppen, die informative Sendungen wahrnehmen.

Quoten für
engagierte
Sendungen
falsch?

In der Umsetzungspraxis setzen die Programmverantwortlichen an der Spitze der Fernsehanstalten auch für anspruchsvolle Sendungen Quoten als Zielvorgaben fest. Für 3-Sat geht es um Größen von 0,5–5 Prozent, für die Dritten Programme z. B. für Wissenschaftssendungen, Doku-Reihen, Magazine fachlicher Ausrichtung um 5 % oder vielleicht 7,5 % Marktanteil. Schon ein halbes Prozent wird in den Sendern stark gewichtet.

Doch ist bei kleinen Zahlen angesichts auch der kleinen Messgruppe die Zuverlässigkeit auf den Nenner verzweifelter Macher zu bringen: „Hoffentlich schläft meine Test-Oma durch!"

Warum sind die für anspruchsvolle Sendungen ermittelten Quoten falsch?

a) Das Ansprechen bestimmter Zielgruppen durch intensive Werbung zum Beispiel innerhalb von Organisationen für bestimmte Sendungen zu Themen des Arbeitsmarkts, der Schule, des Studiums, der Kirche oder auch zu Kunstformen wie Oper und Theater etwa, alles wichtige Bereiche der Grundversorgung, kann nicht erfasst werden bei der allgemein gehaltenen Repräsentationsgruppe von 5640 Haushalten mit 13 000 Personen für ein 82-Millionen-Volk. Das gleiche gilt für das Wecken gruppenspezifischer Interessen für Sendungen allein durch deren Titel und Bewerbungen im Programm und in den Ankündigungen. Besonders angesprochene Segmente der Gesellschaft sind nicht repräsentiert. – Beispiele: Eltern und Schule, Berufschancen, Renten, Homosexualität, Spezifika.

b) Den für ein qualitätsvolles Fernsehprogramm so wichtigen Faktor, wer sich als Testperson hergibt, übersieht die Fernsehforschung geflissentlich. Interviews und Nachfragen sind da ein schwaches Korrektiv.

Würden Sie sich durchleuchten lassen?

In der Quotenerfassung schlägt sich die Zahl der *Verweigerer* der Messung **nicht** nieder. In Fußgängerzonen und am Telefon wollen Marketingmitarbeiter möglichst viele unserer wirtschaftlichen und sozialen Daten erfahren. Wie viele verweigern sich da?

Unser Beispiel:

Es erscheint ein Werber der GfK und sagt: Sie sind ausgewählt zum Knöpfchendrücken, denn gerade Sie repräsentieren ein gesellschaftliches Segment von über 6000 Menschen. Allerdings müssen Sie drücken, wenn Sie aufs Klo gehen, dafür sorgen, dass es Ihre Angehörigen auch tun, und schon einmal Fragen zwischendurch zum Müsliriegelverzehr beantworten.

Wie viele verweigern? Die GfK nannte durch ihren Geschäftsführer Michael Darkow auf diese Frage dem Autor gegenüber 2006 eine Zahl von 70 Prozent! Aber möglicherweise ist die Zahl von 30 Prozent der Haushalte, die zu dieser aktiven Messung und Durchleuchtung bereit sind, ebenso gegriffen wie die Zahl von 80 Prozent der vorwiegend männlichen Übernachtungsgäste in Hotels, die dort „Bezahlprogramme" gucken würden. Deshalb nämlich könne man auf die Messung von Hotels verzichten. Doch möglicherweise bietet ein ebenso großer Anteil der Hotelzimmer in Deutschland gar keine Bezahlprogramme an.

Jedenfalls ist bestätigt, dass sich viele Zuschauer ganz bewusst nicht in ihr Privatleben schauen lassen wollen. Die sich als Testpersonen verweigern sind nicht erfasst, aber sie schauen. Von welchem Gemüt sind dann die Menschen in der gemessenen, nach *äußeren* Kriterien vielleicht einigermaßen repräsentativen Gruppe?

Das Fehlen einer Qualitätskontrolle für die folgenschwere Quotenmessung ist schlicht unerklärlich.

Was die Erhebung der Quote bringt, sind Knöpfe, nicht Köpfe!

Die Vernachlässi-
gung des Menta-
litätsfaktors

Dieser Persönlichkeits- oder *Mentalitätsfaktor,* wie er hier genannt und gefasst wird, und der die *Bewusstheit* um die informationelle Selbstbestimmung und die *Mentalität* umfasst, ist unabhängig von der Bildungsschicht wertbewussten, kritischen, aufgeschlossenen Zeitgenossen zuzuschreiben, und er wird nicht berücksichtigt. Dies ist ein statistischer Faktor von hoher Relevanz.

Gerade dieses unerfasste, „bewusste" Publikum ist eine wichtige Adresse für anspruchsvollere Sendungen. Diese Programme sehen demnach also mehr Zuschauer, als die Quote ausweist. Eine Hypothese. Aber eine nahe liegende, bisher nicht widerlegte. Eine wichtige Forschungsaufgabe, um die Größe der Abweichung zu ermitteln. Für die *Konsumforschung* ist diese Differenz vernachlässigbar, für den *Botschaftsaspekt* des Programms ist sie von enormer Bedeutung.

Es sind die anspruchsvolleren Programme, die besonders unter dieser gravierenden Unschärfe der Vernachlässigung dieses Persönlichkeits- oder Mentalitätsfaktors bei der konkurrenzlosen Quotenerhebung leiden.

Als Beleg für die Richtigkeit dieser Hypothese mag zum Oben Gesagten noch die folgende Beobachtung zu den privaten Hörfunkprogrammen gelten (Quelle ist ein dem Verfasser persönlich bekannter Eigner eines Privatradios):

Bei der Ermittlung des TKP (Tausenderkontaktpreis für Werbung) ist zu erfahren (Infratestauskunft Mediaanalyse), dass die Leistungsträger, die Elite, die beruflich Beanspruchten, die Anspruchsvolleren keine Auskunft bei der Telefonabfrage geben (CATI-Methode, Computer Assistet Telefophone

Inquiry). Auskunftsfreudig sind dagegen Vereinsamte, Arbeitslose, eher Ungebildete, die einen Telefon-, wenn auch Computer-Kontakt als Zuwendung empfinden. Aber auch diese Auskünfte zur konkreten Nutzung sind anzweifelbar.

An der Feststellung dieser Tatsache ist ganz offenbar niemand interessiert, weder die, die messen, noch die Radiosender mit ihren Werbeeinnahmen, noch die werbetreibende Wirtschaft.

Dasselbe läuft so im Fernsehen ab. Siehe oben!

7.2.2

So wertvoll die Kooperation von vier ARD-Sendern, ZDF, ORF und SRF im gemeinsamen Fernsehkanal 3sat, so aktuell die Übertragungen und die Thementerminierung in Phoenix, so avantgardistisch der deutsch-französische Kulturkanal arte, so pädagogisch wertvoll der Kinderkanal der ARD, so orientierend und reflektierend der Bildungskanal alpha des Bayerischen Fernsehens und ZDF info und neo sich erweisen, sie sind allesamt Auslagerungen der Hauptkanäle der öffentlich-rechtlichen Sender, die damit bei zweifellos ambitioniertem Impetus und mit kundenfreundlicher Angebotsweise auch zweierlei zu erreichen suchen:

Auslagerung von Anspruch

Eine Art Bildungsentlastung ihrer Hauptprogramme und ein Freiräumen von massenattraktiven Sendeflächen für den Rest. Bei meist marginalen Einschaltquoten für die Sonderkanäle ist der Effekt evident: Die Hauptprogramme von ARD, ZDF und Landessendern bewirken und vertiefen die Spaltung der Gesellschaft in den Sphären von Information und Kultur, wenn sie sich ans Kommerzfernsehen anlehnen und Kultur und Bildung auslagern (vgl. 7.2.10.).

Andererseits ist anzuerkennen, dass in den Archiven der öffentlich-rechtlichen Sender riesige Schätze wertvollster Sendungen lagern, die wieder ans Licht gehoben werden wollen.

7.2.3

Die Hedonis-
musspirale des
Fernsehens

Im Journalismus, der begrifflich an die Tagesneuigkeit gebunden ist, vollzieht sich großflächig unter der Führung des Fernsehens ein Antennenwechsel vom Kopf zum Bauch. Dem entspricht beim Rezipienten der Wechsel von der Aktivierung zur
Passivität.

„We love to entertain you" gilt als Leitmotiv nicht nur für
Pro 7, sondern für die Branche insgesamt. Der Slogan ist korrekt
mit dem Synonym für „unterhalten" zu übersetzen mit „Wir lie-
ben es euch zu fesseln". Dauerfesselung durch Unterhaltung.

Die Dynamik der Spiralbewegung dreht sich von der An-
fütterung durch Programme zu deren Konsum und über die
Konditionierung des Publikums zu dessen Verlangen … und
so fort.

Endlos-Soaps sind so ein klassisches Treib- und Bindemit-
tel. So leimt einen das Fernsehen, denn das natürliche Informa-
tionsbedürfnis der Menschen wird zu solchem Klebstoff gelockt
(vgl. oben bei 4.6.2.). Was bedeutet die Freiheit der Meinungs-
äußerung, wenn die Grundlage für die Bildung der freien, das
heißt der subjektiven und einigermaßen unabhängigen Meinung keine tragende Informationsbasis mehr findet?

7.2.4

Exhibitionismus

Psychoanalytiker der gesellschaftlichen Befindlichkeit sprechen von zwei Seiten einer fernsehgeprägten und einer das
Fernsehen prägenden Medaille: Exhibitionismus und Voyeurismus. Noch vor wenigen Jahrzehnten hat der Fernsehdirektor des Bayerischen Rundfunks eine Opernübertragung wegen
eines blanken Busens gestoppt. Die Nachmittagsprogramme
der Privaten leben inzwischen von inzüchtigen Geschwister-
paaren und perfiden Derbheiten des Umgangs in Ex-Beziehun-
gen – unter der Robe von Justiz oder dem Mäntelchen psycho-
logischer Beratung zur besten Kinderfernsehzeit.

Die Gerüche steigen von unten auf:
Der Erfolg von Soaps, Reality-Shows, Kasernierungskisten wie Big Brother, die Alm, die Burg und entsprechende Folgen wird an der Uni Eichstätt – und natürlich nicht nur dort – zwei Gründen zugeschrieben: dem Bedürfnis nach Identitätsfiguren und dem Voyeurismus, der Lust am Beobachten des Intimlebens. Inzwischen kommt noch ein drittes Motiv hinzu: die hämische Grundhaltung, mit der die Kandidaten öffentlich ins Lächerliche gezogen werden.

Trash, Menhunting oder Aussetzen von Kindern in der Wüste (CBS) kriechen durch die Kabel in Wohn- und Kinderzimmer und nutzen Verzweiflung, Ekel und Gewaltkitzel als Anreize. Sicher, die Annäherung an Kommerz-TV durch die öffentlich-rechtlichen Sender findet auf höherem Niveau statt (Big Brother ist allerdings bei der BBC schon angekommen). Aber wir erleben die Beispiele: „Das Erste" etwa verwechselt auf dem Spitzenplatz des Weihnachtsprogramms Unterhaltung mit kultureller Destruktivität. Die übliche Verkitschung von Volksmusik zur „volkstümlichen Musik" präsentiert auf einem Intelligenzniveau in Kniehöhe, dümmliches Hardcore-Bayerntum in Chemnitz, das alpenländische Bräuche und Vitalität ebenso im Schleim erstickt wie religiöse Empfindungen beim Schluchzer „Im Namen des Vaters und des Sohnes und des Heiligen Geistes …". Das können viele hoch ambitionierte, einfühlsame Einzelsendungen gar nicht wett machen.

Elisabeth Noelle-Neumann hat die Schweigespirale als ein soziales Erklärungsmodell für Angleichung durch Mutlosigkeit eingeführt, die auch wichtige Meinungspositionen untergehen lässt. Vielleicht entspricht der Schweigespirale nicht nur die bei 4.7. als Gegenstück dargestellte Schreispirale, sondern auch so etwas wie eine nach unten drehende „Anpassungsspirale". Vieles spricht dafür und war auch in der Zeitgeschichte auf anderer Ebene im Faschismus schon zu beobachten. Gutgemachtes Schlechtes zieht. Und im Fernsehen offenbar auch peinlich schlecht Gemachtes.

Kitzel, Kitsch und Schleim

7.2.5

Integration light Die inhaltliche Konvergenz der Öffentlich-Rechtlichen spielt sich von Ausreißern abgesehen durchaus *strukturell* ab auf der Ebene von Boulevard, Buffet und Lifestyle, von Fragmentierung und Häppchen, von Durchhörbarkeit und Atemlosigkeit, Populismus und Banalisierung.

Radio als durchgestylte Frohsinnsmaschine anstelle von Spontanblödelei und Witz beklagen engagierte Redakteure wie Hörer. Dem entspricht Dauerlächeln statt Authentizität der Vermittlung, dem entspricht Verbannung gerade des Sehenswerten, nachdenklich Machenden, Aktivierenden in die Schlafenszeit.

Dies erweist sich auf der Informations- und Gefühlsebene als eine gesellschaftliche Integration light. Sie ist nährstoffarm. „Du darfst!"

Videotie Nicht nur Pädagogen sagen: „Es ist schwer heute Kinder zu haben." So fasst der Hirnforscher Manfred Spitzer an der Universität Ulm seine Forschungen zur Wirkung von Videobotschaften auf Kinder und Jugendliche mit ihren durchschnittlich über fünf Stunden täglichen Videokonsums – Fernsehen, Computerspiele, Internet – plakativ zusammen: Die Mattscheibe „macht dick, dumm und gewalttätig" und spricht von einer Bankrotterklärung unserer Erziehung mit dramatischen wirtschaftlichen Folgen in der nächsten Generation. Einerseits würden im Fernsehen nur vier Prozent der Konfliktfälle gewaltfrei gelöst, und in 70 Prozent der Fälle käme der Täter ungeschoren davon, andererseits mache die Dosis das Gift. Körperliche Passivität verhindert ohnehin die Bildung notwendiger Bahnungen im Gehirn. Die audiovisuelle Technik fasziniert und nimmt einen mit.

Integration light kennt keine Anstrengung, zum Beispiel nach des Dichters Art „erwirb es, um es zu besitzen."

7.2.6

Wo es noch eine kritische Diskussion über das Fernsehen gibt, tragen ihre Teilnehmer oft Brillen mit eingebautem Tunnelblick. Solcher Auseinandersetzung ist es aus Gründen der Authentizität zu Recht wichtig, dass in Dokumentationen gerade über schwieriges soziales Milieu Protagonisten nicht gekauft oder sonst angeleitet werden. Wenn ein Autor für ein paar Euros eine Provokation gekauft hat, damit seine Szene anrollt, dann ist das verlogen in einer Reportage oder Dokumentation. Aber Vergleichbares soll nicht gelten für das flächendeckende Programmangebot der Gerichts- und Psychoshows, die soziale Authentizität täglich vorspiegeln, indem sie sich mit von der Straße gedungenen Studiotätern als nicht-fiktional gerieren? Die Grenzen der Formate verfließen. Und wegen der Quotenträchtigkeit solcher jede soziale Realität und Sprache verfremdender Formate verseichten auch die Öffentlich-Rechtlichen – grundlos. Obwohl das eigentlich gar nicht geht: ohne Grund versanden.

> Die Seichten gaukeln Authentizität vor, die Authentischen verseichten

Es gibt auch Gegenbewegungen. Sogar durch Impulse von privaten Programmen. Der Red Bull-Eigner Dietrich Mateschitz gründete 2009 in Salzburg den Sender ServusTV mit dem erklärten Anspruch von Qualitätsfernsehen. Der Milliardär verspürt hierfür eine Mission und orientiert sich weitgehend daran, was im Bayerischen Fernsehen und beim ORF an journalistischen Highlights geboten war. So übernahm er Konzepte und Leute von Wissenschaftsprogrammen, etwa „Universum", kaufte günstig die Serie „Unter unserm Himmel" und lässt Dokumentationen produzieren, z. B. nach dem Strickmuster von „Der Letzte seines Standes" unter dem Titel „Fast vergessen", veranstaltet im Hangarambiente des Flughafens gescheite Gespräche und will auch technisch an die Spitze. Mit der Einspeisung ins Kabel in Deutschland wird hier nun herausgefordert, was er kopiert.

7.2.7

Erhitzung des
psychischen
Weltklimas

Weltweit ist die Tendenz der Berichterstattung zum Sensa-
tionellen, Aufwühlenden, Schicksalhaften, Unglücklichen, zu
Konflikt und Brennpunkt im Wortsinn zu beobachten. Wo es
noch nicht genug kracht in der Welt, muss fiktional überstei-
gerte action als Nervenkitzel her. Die Metapher ist oben schon
eingeführt (vgl. 4.8.): Szenen von Konflikt, Gewalt, Krieg und
Unglück, so nötig einzelne zu vermitteln sind, heizen das psychische Weltklima auf. Brennpunktberichterstattung im Wortsinn lässt der Normalität keine Chance. Das Außergewöhnliche
ist Selektionsmaßstab. „Mann beißt Hund", die alte Journalis-
tenformel, bleibt gültig. Korrespondenten müssen hinter den
Ereignissen her hecheln und haben zu wenig Raum für das Typische.

Die Informationsauswahl selbst seriöser Nachrichten orientiert sich stark an Konflikt und Unfall. Kein Zug, der irgendwo
entgleist, kaum ein Auto, das weltweit irgendwo explodiert,
entgeht diesem Selektionsraster.

Ist Maßstab das *Wichtige* oder das *Außergewöhnliche*? Das
Aktualitätsverständnis orientiert sich zu sehr an „heute pas-
siert", zu wenig an der „Bedeutung für heute".

Das Typische oder Normale meint das Leben, die Beziehungen, die Realität. Ihre Kenntnis ist zur Verständigung über-
lebenswichtig in einer globalisierten Welt. Dokumentierung
dessen, was unsere Welt ausmacht, Orientierung, Hintergrund –
das ist die psychische Ökologie, die unser infoüberhitztes Weltklima braucht.

Der gebührenfinanzierte Rundfunk hat dafür alle Möglichkeiten, *hätte* sie.

Fernseh-Journalisten müssen authentisch und dokumenta-
risch berichten – und Subjektivität des Erlebten ist dazu kein
Widerspruch, wenn sie spürbar wird. Das Berichten von den
Menschen, von den Kontinenten mit allem, was da lebt, von
der Welt der Wirtschaft und der Wissenschaft erzeugt doch erst
Aufgeschlossenheit; das Erkennen bewegt das Hirn, kultiviert

die Neugierde, wenn das Angebotene die handwerklichen und die intellektuellen Möglichkeiten der Gestaltung ausschöpft und der Veranstalter dies den Gehirnen auch zu Zeiten anbietet, wo diese nicht abschalten müssen.

Die Reportage bietet die Chance, bei aller Betroffenheit des erlebenden Reporters auch hinter die Kulissen zu blicken und das, was da ist und was in dieser Szene gilt, als *Norm*alität zu vermitteln. Sie weckt durch Authentizität innere Beteiligung.

Die Dokumentation verbreitet und vertieft ausschnitthaft Weltwissen und Erfahrung und leistet Situationsanalyse. Sie fördert das Verständnis von Zusammenhängen und Interaktionen und dadurch das Interesse an der Welt. Programmqualität verlangt also die deutliche Präsenz dieser Formate anstelle des Trends zu deren Randexistenz. Auch der wesentlich teurere Spielfilm bietet die Chance der Identifikation und einer sozialen Empathie, selbst im Genre des Krimis.

Die angemessene Wahrnehmung der großen Sportereignisse, die begeistern und mitreißen, gehört aus zwei Gründen in dieses allgemeine Gebührenfernsehen: wegen des notwendigen Anspruchs einer Massenbindung bei spannenden Inhalten und wegen der sozialen Integrationsleistung, wie bei der Fußball-WM 2006, bei Europameisterschaften, Biathlon oder Olympia beispielhaft erfahren. Die Grenzen waren aber schon in den vergangenen Jahren bei weitem überschritten, als bei der Tour de France wochenlang jeden Sommer täglich ganze Programmflächen an ohnehin gedopte Werbeteams abgetreten wurden.

7.2.8

Das System braucht vor allem Vermittler, das heißt Journalisten und Gestalter neben den Administratoren, z. B. den Einkäufern von Programmen und neben den Technikern. Auf den Arbeitsmarkt kommen immer mehr bestausgebildete junge Journalisten von immer mehr Studiengängen zu. Aber die Medien ins-

Personal- und Besetzungs- politik

gesamt entlassen, streichen Stellen gerade in diesem kreativen
Bereich der Artikulierung, in einer ersten Welle bei Einbruch
des Werbemarkts 2001. Die Jobs auch bei den Öffentlich-Rechtlichen rufen heute schon angesichts der Programmtendenzen
hin zur Konvergenz nicht mehr die Fülle der Qualitäten ab, die
ihre Mitarbeiter bereithalten. Aber sie verlangen von ihnen eine
immer hektischere ökonomische Betriebsamkeit.

Hinzu kommen fatale Entsorgungs- oder Versorgungs-
fälle aus Politik und Bedeutsamkeit, wenn immer wieder gegen
alle ungeschriebenen und geschriebenen Regeln Angehörige,
Freundinnen oder gute Bekannte im öffentlich-rechtlichen System und dort teils an Schaltstellen untergebracht werden. In-
kompetenz schafft ein schlechtes Klima und frustriert auch
Informanten. Da werden übrigens die Volontäre schon anders
gefiltert.

Das Programm
braucht Ermög-
licher

Qualität des Fernseh-Programms braucht offene Strukturen, Ermöglicher an den Schaltstellen, Motivatoren. Programmqualität braucht langfristig *menschliche* Souveränität in
den Führungsetagen, nicht die *funktionale*, die rein hierarchi-
sche, die immer mehr Kreativität und Freude am Beruf erstickt.
Vielfach wird gefrustet und gefrostet durch Durchregieren, An-
weisen, Missachten von alternativen Vorschlägen, Abstrafen
von Widerspruch, und dies wird dann für Management gehalten. Der Anpassungsdruck strapaziert mancherorts wachen
Geist und auch Zivilcourage. Gerade innerhalb von Kommu-
nikationsunternehmen bleibt Kommunikation oft ein from-
mer Wunsch.

Die eigentliche
Rolle der Kon-
trollorgane

Nur ein unverwechselbares, ein nicht beliebiges Programm
kann gebührenprivilegiert sein. Dazu müssen auch die Kontrollgremien, die Rundfunkräte und die Verwaltungsräte, ihre
gesamtgesellschaftliche Aufgabe als Verfassungsauftrag wahrnehmen, sonst sind sie Feigenblätter mit nichts mehr dahinter.
Ihre Programmbeobachtung ist ohnehin vor allem auf Einzel-
anlässe punktuell eingeengt und auch auf Eigen- oder Grup-
peninteressen hin orientiert. Oft gilt: Kommt man auf den
Schirm, ist man zufrieden. Das ist eine Form der Korruption.

Strukturell stellt sich die Frage, ob die Qualitäten des zahlenmäßig zu starken Nachwuchses für Medienberufe, der handwerklich auch immer mehr Rüstzeug mitbringt, dann einmal in
unabhängigen publizistischen Organen für eine demokratische
Gesellschaft genutzt werden können? Oder steht uns ein Wandel in die kommunikative Abhängigkeit einer wuchernd durch-
strukturierten Lobbygesellschaft ins Haus?

7.2.9

Wenn es weltweit billiger ist, goldene Unterhaltungskonserven   Rentabilität statt
einzukaufen und einzusetzen, setzt das dem je eigenen inlän-   Unabhängigkeit
dischen Produzentenmarkt zu. Das ist die Seite der Organisa-
tion in unserem Magischen Dreieck. Der Beitrag zur globalen
Nivellierung auf einem möglichst breit akzeptieren Niveau verringert die Chancen individueller und regionaler Programm-
Profilierung. Und ganz schlicht: Das hier eingesetzte Kapital
geht dem produzierenden Mittelstand verloren und dem breiten kreativen Potenzial der Autoren – künstlerisch, musika-
lisch, literarisch, journalistisch. Zudem behindert es die kulturelle Weiterentwicklung.

Damit werden eigene Recherchen eingespart und güns-
tige Quellen erschlossen. Die Internetrecherche wird in diesem Trend überbewertet. Vergoogelung führt zu Wissen ohne
Erkenntnis. „Die Zeiten für unabhängigen Journalismus sind
schlecht", schreibt der Report des Bayerischen Journalistenverbands (4/2005). „Informationsquellen für Journalisten sind
immer mehr die Anbieter von PR und CP. Das Zumüllen mit
gesteuerter, interessengeleiteter Information wird als Informa-
tionsoverkill festgestellt". Die Scheitelwelle des Hochwassers
komme aber erst noch auf die Medienszene zu, so die Kommu-
nikationswissenschaftlerin Romy Fröhlich, die Schmerzgrenze
beim Rezipienten sei noch lange nicht erreicht. Journalisten be-
dienten sich immer häufiger – auch in einem zweiten Schritt –
solcher mediengesteuerter Nachrichten. Die Reduzierung des

Redaktionspersonals verschärfe diese Situation. Die Analyse v. a. für die Printmedien gilt durchaus auch für die Themenfindung im Fernseh-Programm, gerade auch bei Magazinen. Die Productplacement-Affären sind ein weiterer Auswuchs der eben beschriebenen Steuerung durch ökonomische Interessen. Klar ausgewiesene Kooperationen mit Partnern aus der Wirtschaft bei Verzicht auf Produktplatzierung haben allerdings schon hervorragendes Programm ermöglicht (z. B. die 13-teilige Reihe zum Verständnis der Mikroelektronik „Wer hat Angst vorm kleinen Chip?" (BR und DW 1986), die unter Federführung des Autors entstand und mehrsprachig in 45 Länder exportiert wurde).

7.2.10

Die Jagd aufs scheue Wild

Fatale Konsequenzen des Quotendrucks: Weil zum Beispiel Programme über Kinder, über Alte, über Generationenfolge, Erziehung und Schule, eine der bedeutendsten Länder- und Zukunftsaufgaben, ungünstige Quoten bringen, weichen die fachlich zuständigen Redaktionen auf Lifestyle-Themen aus, um Etats und Sendeplätze zu sichern.

Was sich Familienprogramm nennt, definiert sich als Programm „*für* die ganze Familie", also als Unterhaltung, auch wichtig, aber gerade nicht als Programm *über* oder *zur* Familie; ein solches jedoch fehlt.

Reduzierung spezifischer Angebote

Das im Wesentlichen breite und spezifische Angebot der Fachredaktionen wird in vielen Bereichen der Sender reduziert; Kulturpolitik, Sozialpolitik, Recht, Gesellschaft, Kunst – wo ist ihr angemessener Raum im Programm? Die Verstärkung des Service ist eine positive Maßnahme, aber kein Ausgleich.

Das Fernsehen, auch das Öffentlich-rechtliche, vermittelt derzeit kein reales Bild der Gesellschaft. Natürlich ist Fernsehen ein großer Traum und darf auch zum Träumen einladen. Das tut es in seiner Escapefunktion, der Fluchthilfe aus den persönlichen Alltagssorgen.

Im Übrigen ist die Lage nicht so gefährlich, wie sie durch die Nachrichten durch deren überproportionale Krisen-Selektion suggeriert wird – und wenn sie einmal wirklich gefährlich ist, lautet die Parole „Eine akute Gefahr besteht nicht" (so auch der Titel der gleichnamigen Dokumentation des Autors mit dem Untertitel: „– oder: Wie informiert ist die informierte Gesellschaft?", Bay. Fs., 1989). Bayernland und Waterkant stehen noch glücklich zwischen allen Einschlägen ringsum, die Hartz 4-Empfänger dürfen täglich stundenlang lechzend in die Kochtöpfe der Profis oder der Promis, Promi-Kinder und Promi-Frauen schauen. Im Übrigen wird zugesoapt. Und was die Menschen bedrückt? Der WDR hatte einen Seelenberater in der Nacht. Der BR hat jetzt endlich auch eine kluge Lebensberatung ins nächtliche TV-Programm genommen. Doch für nicht wenige Redaktionen heißt die Anweisung zum Strickmuster der Autoren der wenigen gesellschaftsbezogenen Sendungen: Positiv beginnen, kurz problematisieren, positiv enden – Maßstäbe, die sich im US-Kino bewährt haben. Niemand wünscht die Zerr-Spiegelung eines Jammertals. Aber das notwendige Selbstverständliche, nämlich Perspektivisches kritisch konstruktiv zu bearbeiten, fordert immer mehr Rückgrat von Autoren oder Redaktionen – bei fehlendem, aber eigentlich notwendigem Rückhalt.

Ist nun die Hinwendung zu Lifestyle und Massengeschmack ein Gewinn? In Zahlen für Einzelsendungen marginal ja, nämlich 1-2 Prozent mehr Marktanteil an Zuschauern bei den Dritten; aber es sind andere Zuseher! Ein austauschbares Programm zieht ein austauschbares Publikum nach sich. Jedenfalls zeigt die Erfassung von gesellschaftlichen Gruppierungen im so genannten Sinus-Verfahren, dass es insgesamt zu einer Verschiebung kommt, und die gesellschaftlich Aufgeschlossenen gerade den Dritten Programmen abbröckeln. Folge: Ein minimaler Quotenzuwachs kann das öffentlich-rechtliche System durchaus schwächen. Denn die *Gesellschaft für Konsumforschung*, die mit den genannten Einschränkungen das Programm als Ware misst, wird mit ihren Erhebungen – wenige

austauschbares Programm zieht austauschbares Publikum an

Schonbereiche ausgenommen – zum unheimlichen Maßstab
der Sender und zum heimlichen Programmdirektor!

7.2.11

Sättigung

Zum Qualitätsaspekt gehört auch die Grundrechenart zur
Quantität: Je mehr Programme, desto geringer die Nutzung be-
stehender bei den natürlichen Zeitgrenzen des Konsums.
    Bei dem unbefangen beobachtbaren Aufblähen des Ku-
chens durch immer mehr Backpulver kommt insgesamt weniger an vitaler Substanz beim Durchschnittszuschauer an. Der
Fernseh-Kuchen ist bundesweit täglich um die 1000 Stunden
dick. Die Konsumenten schneiden sich jeden Tag im Durch-
schnitt ein Dreieinhalb-Stunden-Stück aus vielen Bröseln und
Brocken zusammen. Dabei ist diese Größe bei den einzelnen
sozialen Gruppierungen sehr unterschiedlich. Viele überessen
sich. Eine Elite enthält sich mehr und mehr.
    Folglich überbrückt Fernsehmassenprogramm immer we-
niger die Bildungsunterschiede, eine wichtige Chance quali-

Die Wissens-
kluft in der
Gesellschaft

tativen Fernseh-Programms mit seinem Integrationsauftrag.
Die Bildungskluft reißt weiter auf, was für ein hochentwickel-
tes Land fatal ist. (Tichenor, Donohoe and Olien, Mass Media
Flow and Differential Growth in Knowledge, in Public Opinion
Quarterly 34, Colombia University Press 1970; A. Vlasic, Die
Integrationsfunktion der Massenmedien. Begriffsgeschichte,
Modelle, Operationalisierung. Wiesbaden, 2004). Diese Entwicklung sei „nicht unähnlich den unterschiedlichen Ernäh-
rungsstandards" schreibt Gustav Seibt in der Süddeutschen
Zeitung zu deren 60. Geburtstag und vergleicht: „unten das
vereinfachende, überwürzte und fett machende Infotainment
für die Überforderten, oben die differenzierten Datenströme
der Wissensgesellschaft für die Kenner, die Gutausgebildeten
und Trainierten." Und für Genießer, möchte man schon auch
noch ergänzen im Blick auf durchaus qualitätsvolles Fernseh-

programm aller Genres an vielen Stellen in unserem Dualen System.

Statt der idealen Teilhabe aller am Potenzial von Wissen und Kultur könnten sich zwei Strömungen bilden, unterschiedlich stark aber gegenläufig: Fast alle treffen sich entsprechend der Homogenisierungstheorie, wie sie Maletzke, Nölle-Neumann oder Bonfadelli vertreten auf einer unteren Mainstreamlinie – nicht sehr spannend. Und: In einer kleineren Schicht weiß jeder etwas anderes. Beides ist nicht sehr integrationsdienlich. Der Verlust an gemeinsamen Erfahrungen und die Selbst-Bedienung mit gruppenspezifischen Positionen und auch Vorurteilen befördert die soziale Segmentierung. (Vgl. die These der kognitiven Dissonanz, oben bei 4.4.)

7.2.12

Die Antwort auf die Frage nach der Natur von Fernsehprogramm als Produkt bedurfte der Erörterung der Qualitätskriterien (siehe oben bei 6.). Beim Deutschen Juristentag, einer Institution, die sich als Vordenkerin für die Parlamente versteht, kam diese Frage immer wieder und zuletzt 2002 in die von Kommerz-Interessen geprägte Diskussion und wurde ausweislich der Verhandlungs-Protokolle (Verlag Beck, München, 2002) vom Autor so beantwortet: Wenn im Medienrecht stets von „schillernden Begriffen" gesprochen werde, sollte man doch Klarheit über die Bedeutung der Begriffe herstellen, um die es schließlich zentral gehe:

„Der erste Begriff: *das Programm.* Wir haben heute schon einmal gehört, dass Rundfunkprogramm im Prinzip nichts anderes ist als Margarine – eben von Herrn Koch" (Chefsyndikus Bertelsmann AG, stv. Vors. der Juristentagsabteilung Medienrecht). „Herr Spindler" (Prof. Univ. Göttingen) „dagegen hat gesagt, die schlechtere Qualität setzt sich am Markt durch, und das passt nicht zusammen. Der Wettbewerb verbessert

Fernsehen als Margarine

nämlich Margarine nach Geschmack, Verträglichkeit und
Preis, wenn die durch das Kartellrecht ‚regulierte Selbstregulie-
rung' – das habe ich von Herrn Hoffmann-Riem" (Richter am
BVerfG.) „eben gelernt – funktioniert. Warum aber hat trotz
KEK, trotz der Kommission zur Ermittlung der Konzentration,
Herr Spindler Recht? Weil das Produkt der Medien eben nicht
Margarine ist.
  *Das Programm hat eine Doppelnatur. Es ist Ware und Bot-
schaft.* Dieses Produkt ist physischer und spiritueller Natur. Die
Qualitätsoptimierung tritt außer Kraft bei diesem Produktele-
ment ‚Botschaft'. Im Wettbewerb dreht sich diese Qualitäts-
spirale nach unten. Das hat der Staatsrechtler Herbert Krüger
schon in den frühen 60-er Jahren erkannt ..."
  Journalismus verliert seinen Stellenwert, wenn Fernsehen
Margarine wird. Da ist es schon bald tröstlich, dass die Wirtschaft ihr Werbegeld nicht mehr in jeglichem massenattraktiven Programm als Werbeumfeld gut investiert sieht.

7.2.13

Gratwande-
rungen

Der Auftrag der *Grundversorgung* setzt ein alle Bereiche ab-
deckendes Programmangebot voraus und damit auch eine
Mehrzahl von Vollprogrammen. Das ergibt sich aus der Pro-
grammfreiheit, dem Kern der Rundfunkfreiheit (vgl. Fechner,
a. a. O. und Albrecht Hesse, Rundfunkrecht, München, 2003, 3.).
  Grundversorgung heißt nicht Minimalversorgung, soweit
Inhalte andernorts nicht abgedeckt sind, wie das die privaten Veranstalter gerne hätten; sie bedeutet grundsätzliche Ver-
sorgung für die demokratische Gesellschaft. Ein Notfall- oder
Restprogramm kann das nicht leisten. Also müssen sich hier
Qualität und Quote treffen – logischerweise. Ein kleiner Teil
des Staatsvolks kann nicht die freiheitliche Demokratie konstituieren. Genauso bedarf die Bezahlung der Rundfunkabgabe
durch alle Teilnehmer der Rundfunkkommunikation auch der
gesellschaftlichen Akzeptanz. Das öffentlich-rechtliche Fernse-

hen muss nicht nur technisch alle erreichen, sondern auch programmlich – fast alle. Nur – dieses Argument darf nicht überreizt werden, sonst geht die Balance auf der Gratwanderung von Qualität und Quote verloren.

Eindeutige Qualitätsforderungen durch Gesetze gibt es zwar nicht, doch wird die Bedrohung des öffentlich-rechtlichen Systems bei Missachtung eines hohen Qualitätsstandards immer größer – durch eine strenger werdende Rechtsprechung, durch europäische so genannte Harmonisierungstendenzen, durch medienpolitischen Druck aus dem privaten Lager und durch neue technische Nutzungsmöglichkeiten.

Wie sehr Programmentscheidungen zu Lasten des Anspruchs und zu Gunsten der Quote die Gebührenlegitimation gefährden, mag man diesem Auszug eines angesehenen Grundgesetzkommentars (v. Mangoldt-Klein-Starck, RNr. 122 f zu Art. 5) entnehmen:

Das Argument der „Versorgungslücken"

„Geschaffen wurden die öffentl.-rechtl. Rundfunkanstalten, um Meinungspluralismus abzubilden, inhaltlichen Pluralismus darzustellen und die Bevölkerung zu integrieren … Die öffentl.-rechtl. Rundfunkanstalten genießen das Grundrecht der Rundfunkfreiheit nur im Rahmen ihres gesetzlich bemessenen Programmauftrags, gewinnen über das Grundrecht aber nicht das Recht, weitere Programme, auch in Konkurrenz mit privaten Veranstaltern zu verbreiten." Der öffentlich-rechtliche Rundfunk habe insoweit „Versorgungslücken" des privaten Rundfunks abzudecken, sollte aber Vollprogramme senden können, um nicht die Akzeptanz des durchschnittlichen Publikums zu verlieren und damit seinen Pluralismus- und Integrations-Zweck zu verfehlen. Aber solche öffentlich-rechtlichen Programme seien eben nur unter dem Auftrag von Pluralismus der gesellschaftlichen Positionen und der Integration vorstellbar. Das ist mindestens überpointiert, wie wir seit den letzten Rundfunkurteilen wissen.

Es hat zwar bei den Öffentlich-Rechtlichen ein Umdenkprozess eingesetzt, doch ist auch die „Vertalkung" der Kanäle zur besten Sendezeit mit „abonnierten" Gesichtern kein Ausgleich

Proporzpalaver statt Einblicke

für den Verlust an Reportagen, Dokumentationen, die ausgedünnt in die tiefe Nacht verschoben werden.

Auch hier spielt das Magische Dreieck mit: Die Studios sind vorhanden, diese Technik einzusetzen ist also wirtschaftlich, so entstehen Programme, bei denen man sich auch mit der Ausgewogenheit nicht allzu schwer tut und zudem die Repräsentanten in den Gremien befriedigt. Die Tendenz zu Palaverkanälen findet durch den Promifaktor durchaus Akzeptanz, läuft aber auf eine Missachtung des dokumentarischen Journalismus und des selbständigen Hinterfragens in Magazinen hinaus. Das rügt nicht nur die Deutsche Produzentenallianz Film und Fernsehen. Es setzt dem kreativen journalistischen Potential zu, und behindert bildhafte Einsichten des Publikums ins Geschehen auf der Welt, abseits nationaler Mainstreamthemen.

Insgesamt gilt:

Je mehr die öffentlich-rechtlichen Sender in ihren Programmentscheidungen die Quote zulasten der Qualität favorisieren und die (hier nicht abschließend aufgeführten) Auslöser des Abwärtsgleitens nicht zu eliminieren suchen, desto weniger ist auch ihr privilegierter Status durch öffentliche Abgaben und damit das System zu rechtfertigen.

Wie immer man die Rundfunkfreiheit juristisch betrachten mag, die Qualitätsfrage bleibt der Prüfstein. Der Rundfunkfreiheit *aller* Sender folgt diese Qualitätsverpflichtung. Wer dieser nicht nachkommt, trägt Verantwortung für den schleichenden Verlust der Freiheit.

8   Wie sich alles fügt

Man hätte das Modell des Magischen Dreiecks natürlich auch
in anderer Gewichtung und Reihung unterlegen können. Aber
mit diesen Schritten von Omnipräsenz dieses Modells, medien-
philosophischen und zeitgeschichtlichen Reflexionen, der Einbeziehung der Öffentlichkeit, der Entwicklungsgeschichte
und Andeutung einer Theorienlandkarte, von Gedanken zur
Medienordnung und dem Versuch, den weichen Faktor Programmqualität in systematischer Betrachtung zu härten, ergeben sich die Zuordnungen der unzählbaren Partikel unseres
Gegenstands, des Kommunikationsgeschehens, auf logische
Weise wie von selbst.

Partikel klingt nach Teilchen, und Kommunikationsge-   Teilchen oder
schehen nach Welle. Warum sollten im Versuch einer geisti-   Welle
gen Durchdringung unseres Gegenstands nicht ähnlich chan-

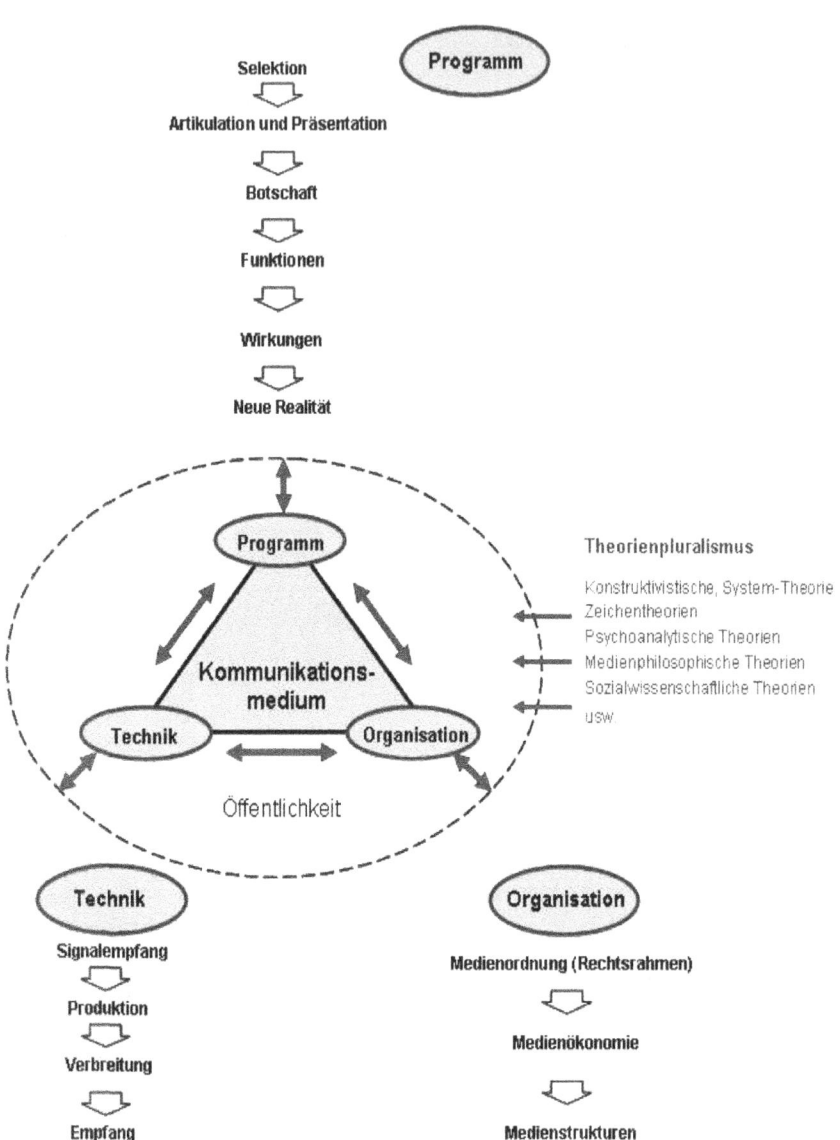

Abbildung 7 Das Magische Dreieck mit dem Blick auf die
in ihm wirkende Massenkommunikation

gierende Gesetze wie in der Welt der Physik zu Tage treten? Kommunikation ist flüchtig. Hier steht der Versuch einer Momentaufnahme mit dem Modell.

Dabei ergibt sich bei jedem Kristallisationspunkt eine logische Abfolge der Spezifica, die als Variablen in ihrer Differenzierung natürlich erweiterungsfähig und erweiterungsbedürftig sind (vgl. oben bei I.3).

Zur grafischen Übersicht (Abbildung 7) im Folgenden ein rekapitulierender kurzer Überblick.

8.1 Das Programm als Botschaft: Aktiv- und Passivseite der Funktionen

Beim **Programm** folgt der thematischen *Selektion* (nach akustischem oder optischem Empfang eines Vorgangs und seiner Bewertung) die *Artikulation* und *Präsentation* mit ihren Unterformen (journalistische Darstellungsformen mit den Merkmalen von Aktualität, Universalität, ...).

Dies bringt den Inhalt der *Botschaft* (semantisch, semiotisch) hervor mit allen oben bei 6. dargelegten neutralen und wertenden *Qualitätskriterien*. Die Botschaft prägt sich aus in einer *Informierfunktion* (mit Information und Orientierung, Hintergrund), in einer *Qualifizierfunktion* aus Kommentieren, Kritisieren, auch durch Investigieren, in einer *Motivierfunktion* von Veranlassen, Werben, Propagieren, Agitieren und in einer *Rekreierfunktion* mit Animieren, Unterhalten, Erbauen, aber auch „Ver-trashen".

Dies löst sofort *Wirkungen* aus: die *Passivseite* der eben genannten Aktivfunktionen als Information, Bildung, Unterhaltung mit Folgen auf der *psychischen* Ebene: Trost, Realitätsflucht, Spannung, ... , genauso auch das subjektive Bemühen des Rezipienten mit seinen Werthaltungen, eine sog. kognitive Dissonanz zu vermeiden, etwa durch seine persönliche Themenauswahl, Wahrnehmung oder Vermeidung, auch Ablehnung der Botschaft. Auf der *sozialen* Ebene sind die Wirkungen

Integration, Sozialisation, Enkulturierung, auch Spaltung, z. B. durch einen knowledge gap nach dem Motto: Medien machen die Wissenden klüger und die Unwissenden dümmer. Hier ist als Element auch die Zielgruppe bzw. die *Quote* festzumachen als Folge einer bestimmten Form von Qualität, abhängig auch von der Art der technischen Verbreitung (s. 8.2.).

Wie oben bei 4. gezeigt, verändert die Botschaft die Wirklichkeit. Die der Botschaft innewohnenden Wirkungen schaffen also eine *neue Realität*.

8.2   Die Technik als physische Seite des Programms

In der Technik steht zu Beginn ein *Signalempfang*, der akustisch oder optisch technisch wahrgenommen und in einem *Produktionsprozess* festgehalten wird. Dessen Technik gibt dem Medium ihren Namen als Presse (mit Nennung der Periodik, oder der Bebilderung als Illustrierte), Hörfunk, Fernsehen, Kino, Internet usw.. Entsprechend gehören hierzu die Instrumente der Herstellung, die Produktionsstadien und die Datenträger, die im audiovisuellen Bereich einem besonders schnellen Wandel unterworfen sind. Die Datenträger sind gleichzeitig die *Speichermedien*, denen ökonomisch aufgrund der Repertoirefähigkeit wie auch kulturell große Bedeutung zukommt, weil die Vergangenheit für die Zukunft konserviert ist (vgl. 2.5.).

Bei der technischen *Verbreitung* ist die Unterscheidung in eine materielle *Auslieferung* und eine immaterielle *Ausstrahlung* via Antenne, Kabel, Satellit oder das alle drei Möglichkeiten nutzende Internet (inklusive Rooter als letzte Station) kennzeichnend.

Nichts nützt alles ohne den medienadäquaten *Empfang*, dem *Geräte* und *technische Normen* ebenso zuzuordnen sind wie die *Reichweite* der Botschaft.

8.3   Organisation als Konkretisierung von Interessen

Im Kristallisationspunkt der Organisation erkennt man die Konkretisierung von Interessen – denjenigen eines den Kommunikationsraum gestaltenden Gesetzgebers an einer bestimmten Gesellschaftsordnung und denjenigen, die in dieser Gesellschaft kommunikativ wirken wollen.

Die generelle *Medienordnung* ist als Überbau zu erkennen. Dabei kommt es zunächst auf die politische Vorentscheidung an, ob der *Kommunikationsraum* ein *offener* ist (demokratischer Rechtsstaat) oder ein *geschlossener* (Diktatur, ob als Alleinherrschaft, Militärdiktatur, „Volksdemokratie", „Islamische Republik", mit welcher Bezeichnung auch immer).

Hieraus ergibt sich die medienbezügliche *Rechtsordnung* mit allen Ausdifferenzierungen von den Grundrechten bis zu den Landesmediengesetzen, von Staatsverträgen, Arbeits- wie Persönlichkeitsrecht, von Urheberrechten, dem nationalem wie der Anerkennung von internationalem Recht.

Die *Medienökonomie* bündelt die wirtschaftlichen Interessen und Notwendigkeiten. Es geht hier um die Finanzierungsquellen wie Gebühren, Werbung, Sponsoring, Bezahlfernsehen (Pay TV), Pay per View, öffentliche und private Fördermittel oder die relativ neue Form der Gelderakquirierung durch so genanntes Crowdfunding, bei dem über das Internet ein „Schwarm" von Förderern gesucht wird, die entsprechend ihrer Einlagen am Gewinn beteiligt werden können.

Dann sind die internen Abläufe unter betriebswirtschaftlichen Aspekten Thema, und die Fragen von Eigenproduktion, Auslagerung und Zukäufen. Dementsprechend gestaltet sich die Unternehmensorganisation der Mitarbeiter, soweit diese Angestellte oder feste freie Mitarbeiter oder Free Lancer sind.

Diese Gegebenheiten sind eingebettet in die *Medienstrukturen,* wie sie auch deren Folge sind, mit ihrem Makroaspekt etwa des

Dualen Systems von öffentlich-rechtlichen oder privaten Ver-
anstaltern oder in unternehmerische Hierarchien, in Cross-
Media-Verbindungen bis hinein in die Mikrostrukturen von
Redaktionen und Verantwortlichkeiten.

So viel zur „räumlichen" Zuordnung der Teile zum Ganzen, um
die innere Logik des Modells anzudeuten, und um die Notwendigkeit aufzuzeigen, jedes „Teilchen in der Welle der Kommunikation" als wechselwirkend zu betrachten.
    Dabei kann diese Zuordnung nur eine Andeutung sein.
Denn die Erfahrungen, die jeder an seinem Platz im Geschehen
der Massenkommunikation machen kann, werden wie auch die
sich zwangsläufig zu mehr oder weniger selbständigen akademischen Disziplinen entwickelnden Fachgebiete diese grobe
Zuordnung der Tiefe nach weiter durchstrukturieren, genauso
wie die technische, ökonomische und soziale Evolution dies befördert.

Selektion

Artikulation und Präsentation
Journalistische Formate / Darstellungsformen (Nachrichten, Reportage, Doku ...)
mit Subformen (Interview, Statement, Grafik usw.)
mit Merkmalen: Universalität, Aktualität, ...
technikgeprägte Formate (Live, Studio, Film usw.)

Botschaft
Semiotik, Semantik, Qualität ...

Funktionen
Informierfunktion: Informieren, Orientieren
Qualifizierfunktion: Kommentieren, Kritisieren
Motivierfunktion: Veranlassen, Propagieren, Agitieren
Rekreierfunktion: Animieren, Erbauen, "Ver-trashen"

Wirkungen
Passivseite der Funktionen: Information, Bildung...
Psychische Ebene: Realitätsflucht, Trost...
Soziale Ebene: Integration, Sozialisation...

Neue Realität

   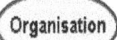

Signalempfang   **Medienordnung**
                                   Politik: Geschlossener oder offener K.-Raum
               Recht : Kommunikationsfreiheit, Öffentl.-R., Privat-R.,
                                   Staatsverträge, Arbeits-R., Persönlichkeits-R.,
Produktion   Urheber-R., Internat. Recht, ...
Die Technik gilt als das K-Medium: Presse, Hörfunk,
Fernsehen, Kino, Internet usw.
Instrumente, Produktionsstadien, Datenträger (Speicherung)

                                   Medienökonomie
               Finanzierung durch Gebühren Werbung Sponsoring,
                                   PayTV, Pay per View ...
Verbreitung
Materiell: Auslieferung
Immateriell: Antenne, Kabel, Satellit, Internet usw.

                                   Medienstrukturen
              Eigentümer, Duales System, Cross Medial, Redaktionen ..

Empfang
Geräte, technische Normen;
Reichweite

Abbildung 8 Die drei wechselwirkenden Kristallisationszentren des Magischen Dreiecks der Medien am Beispiel TV

9 Aspekte der Nutzanwendung und Perspektiven

9.1 Erkenntnis und Programmgestaltung

Journalisten müssen aus Quellen schöpfen. Aus den äußerlich zugänglichen und den im persönlichen Entwicklungsprozess angelegten intrapersonalen. So nennt C. G. Jung vier Erkenntnisquellen: das Denken, das eher körperliche Fühlen, das eher seelische Empfinden und die Intuition. Schule und Universität schöpfen nur die erste der persönlichen Quellen aus und trainieren diese. Alphabetischer Code und Zahlendenken schränken selbst das Denken ein. Wer aber Sachverhalte richtig erfassen und dann in Sprache oder mehrkanalig artikulieren will, muss die ihm eigenen Quellen erschließen. Wie erkennen und empfinden wir etwas und warum? Nur wenn wir die uns eigenen Quellen zusammenfließen lassen, kann auch unser Denken das Erkennen optimieren. Wir müssen uns mehr vertrauen.

Erkenntnisquellen

Was machen wir daraus bei der Gestaltung? Gerade für die in alle modernen Medien vordringende audiovisuelle Artikulierfunktion braucht es diese Sensibilisierung.

Es braucht sie für den richtigen Umgang mit den äußerlich zugänglichen Quellen. Recherche ist die conditio sine qua non. Dazu gehört auch das Erkennen und Aufzeigen von Zusammenhängen.

9.2   Von der Rendite als Programm zum Wissensgap

War es Mitte des 20. Jahrhunderts nicht leicht, qualifizierte Journalisten zu finden, so werden bestens ausgebildete Journalisten heute mehr und mehr in ihrer spezifischen Qualifikation unterfordert, wenn das Programmprofil aus Quotengeilheit verflacht und versoapt und Fachredaktionen wegrationalisiert werden.

„Neophilie",
„Versoapung"
und die Folgen

Vor dreißig Jahren sprach Roegele von strukturbedingter „Neophilie" (Otto B. Roegele: Neugier als Laster und Tugend, Zürich 1982) nicht nur bei den Nachrichten, in der gesamten Selektion der Massenkommunikation, und er meint das Marktgeschehen, das ein künstlich dynamisiertes Weltbild durch die „Massenmedien als Verwalter kollektiver Neugier" entstehen lässt. Man kann es auch eine Verzerrung des Aktualitätsgebots nennen, das einerseits Verunsicherung schafft, andererseits nimmt diese Verzerrung die wirkliche Wichtigkeit weniger wichtig und setzt „aus Geschäftemacherei auf die Befriedigung kurioser Gelüste durch künstliche Ereignisse".

Das war steigerungsfähig: Gerichtsshows mit Hämmerchen und von der Strasse gedungenen „Showspielern" statt spannend Informatives zur Rechtsprechung, Psychoshows statt fernsehgerechter Familientherapie, Dschungelcamp statt Schutz des Regenwalds, Aufreger statt Nachrichten, „Reality" statt Wirklichkeit ...

Diese Trends werden noch verstärkt durch die Ausdünnung der Redaktionen, wodurch Recherche zum Luxus wird, und durch das von den Verlagen beabsichtigte drastische Herabsetzen des Einstiegsgehalts für Redakteure.

Die Organisation als Konstrukt der Rendite treibt das Programm vor sich her. Verleger verzichten vielerorts auf Journalisten und holen sich Lehrer und andere Amateure als Bürgerreporter, um billiger zu produzieren. Ob Staat oder Gesellschaft auf Dauer um die Einforderung der „öffentlichen Aufgabe" des Journalismus herumkommen? Beim öffentlich-rechtlichen Rundfunk ginge es jetzt schon relativ einfach.

Der Trend zu einer gesellschaftlichen Kluft des Wissens und der Kultur wird sich weiter verstärken und desintegrierend wirken. Die Träger von Medienverantwortung müssen die natürliche Neugierde des Publikums für dessen Integration nutzen durch Augenmaß für Wertigkeiten und für den Wert ihrer eigenen Arbeit.

9.3   Dialog braucht Positionen

Wenn viele zu wenig wissen und ihre Meinungen labil sind, oder auch Positionen nicht bezogen werden, stellt sich die Frage: Was sind die Folgen, im weltweiten Dialog der Kulturen keine Position mehr zu haben?

Dialog oder Kampf der Kulturen?

Davor warnte in einem zweistündigen TV-Exklusivgespräch mit dem Autor der Theologe und ehemalige Staatspräsident des Iran, der liberale Muhammad Chatami, der auch für den Islam fordert, was wir Aufklärung nennen, etwa die Anerkennung, dass der Koran in Verbindung mit seiner Entstehungszeit zu lesen, und dieses Erbe also der Entwicklung der Zivilisation entsprechend zeitgemäß zu interpretieren sei (Ausschnitte in T. Steiner, „Dialog der Kulturen, Möglichkeiten des Friedens", Teil 2, BR, 2006). Der Unterschied zu seinem Nachfolger, der ihn in seiner Dialogarbeit behindert, könnte nicht größer sein.

Ein Dialog braucht Positionen, die überzeugen und die offen sind für anerkennenswerte Gegenpositionen. Nur so kann das Missverständnis vom „Kampf der Kulturen" überwunden werden, dem Schlachtruf von Ignoranten, die ihre Kultur missbrauchen.

9.4   Digitalisierung löst und schafft Probleme

9.4.1

Digitalisierung mit der alten Medienordnung?

Ein noch größerer Knalleffekt für die Evolution als die Atombombe ist die *Dematerialisierung durch Digitalisierung,* vor allem für die Kommunikation der Menschheit. Bei den Massenmedien bestimmt sie deren Artikulierfunktion, die Produktion und die Speicherung, dann die Transportierfunktion mit der Verbreitung und schließlich die Nutzung. Die Grenzen zwischen dem Print- und dem audiovisuellen Kanal verfließen ebenso wie die Aktivitäten von Verlagen und Sendeanstalten. Aktuell verlangen die Verleger von der Politik das sog. Leistungsschutzrecht, das Google und andere Suchmaschinen für den von ihnen übernommenen content zahlen sollen, die Journalistenverbände fordern für ihre Autoren die Teilung dieses Fells des noch nicht erlegten Bären. (Vgl. hierzu auch I.4.3.)

Wie (bei 1.1.) gezeigt, will das Internet letztlich das klassische lineare Fernsehen schlucken. Ob die Netzbetreiber das schaffen, hängt wesentlich von der im klassischen Fernsehen gebotenen Qualität ab, ob es also diesem Medium gelingt, anstelle von Beliebigkeit Journalismus zu pflegen.

Angesichts des buchstäblich grenzenlosen Verfließens werden wir in Europa eine neue digitale Medienordnung brauchen, nicht zuletzt auch um Auswüchsen wie aktuell in Ungarn oder teilweise in Italien, oder auch um der digitalen Bildmanipulation vorzubeugen.

Nur wenn die *Rechte* zugunsten eines unabhängigen Journalismus definiert und *gesichert* sind, kann angesichts der notwendig merkantilen Interessen, der Crossmediaverschränkung Verlage – Fernsehen – Internet (O) und der globalen Vernetzung (T) ein Programm herauskommen (P), das auch der Gesellschaft hilft.

Damit schließt sich das Magische Dreieck auch hier.

9.4.2

Computerprogramme können nicht nur Sprache erkennen und in Schrift umsetzen, sie können nun auch Texte selbst verfassen. Seit Journalistikstudenten 2009 in Chicago ihren Informatikkollegen rohe Textbausteine zu Sportereignissen mit Spielregeln, Fakten und Emotionen angereichert zur Erstellung einer Software zukommen ließen, und die ein Programm dafür bastelten, konnte der Spielbericht in Sekundenschnelle ausgedruckt werden. Man musste allerdings während des Spiels die wichtigsten Verlaufsereignisse dazu packen.

Artikelautomaten

Die sofort gegründete Firma *Narrative Science* schreibt so mittlerweile bald eine Million Artikel und hat in *Automatic Insights* bereits erfolgreiche Konkurrenz gefunden. Natürlich ist jetzt die ohnehin schon gefährlich computerisierte Finanzwelt mit ihren Millisekundenentscheidungen im Marktsegment dieser Artikelautomaten, ebenso auch die Fülle der Twitterbotschaften zu bestimmten Themen. So lassen sich blitzschnell Stimmungen zu Analysen zusammenfassen.

Diese Computertechnik (T) wird in die Verlagshäuser einziehen (O), um Texte zu generieren (P). In der Genesis stellt es sich so dar: Weil Artikel (P) auf diese Weise schneller und billiger zu produzieren sind (O), ist diese Software entwickelt worden (T).

Journalisten werden herausgefordert sein, ihr überlegenes Verständnis von der Welt dagegen zu halten und ihre Besonnenheit. Das könnte auch einen Qualitätsschub bewirken.

9.4.3

Diese für die Evolution neue Entwicklung der Digitalisierung überfordert durch die stets präsenten Datenmengen, was Menschen aufzunehmen und zu leisten im Stande sind. Ökonomisierung und Globalisierung der Märkte potenzieren die Anforderungen. Das gilt für die immer stärker geforderte Präsenz in

Jeder will Aufmerksamkeit, alles will Aufmerksamkeit

allen modernen Berufen wie für die geringer werdenden Frei-
räume für die Rezeption dessen, was man sucht. Ja vor lauter
Finden weiß man vielleicht bald nicht mehr, wonach man suchen will.

Wenn wir alles hingeschoben bekommen, weil es nach unserer beschränkten Zeit und Aufmerksamkeit giert und schreit,
müssen wir uns schützen. Die Aufmerksamkeit, die uns die Bits
abfordern, und die wir den Bits zuwenden, erfordert ein neues
Management der Wahrnehmung, ja des Lebensstils. Die Dau-
erforderung der digitalen Kommunikation verlangt nach intel-
ligenten Such- und Findstrategien für das, was wichtig ist zum
Arbeiten, Erholen und Überleben. Das Denken muss mehr als
ein Rauschen bleiben.

Als Journalisten müssen wir dieses Spiel Aufmerksamkeit zu
erheischen mitspielen. Das fordert ein altes, neu aufzulegendes
journalistisches Ethos heraus: die Gewichtung. Die handwerklichen Tricks für die Aufmerksamkeit sollten nur eingesetzt
werden für das Wesentliche und Hilfreiche. Der Wertmaßstab
hierfür wird über die Bedeutung des Journalismus der Zukunft
richten. (Vgl. hierzu u. a. 4.7.)

9.5   Paradigmenwechsel

„Asketische
Weltkultur"

Vor mehr als einer Generation konstatiert C. F. v. Weizsäcker,
dass nur eine „asketische Weltkultur" die große Katastrophe
verhindern könne (Deutlichkeit: Beiträge zu politischen und
religiösen Gegenwartsfragen, München 1978). Maßlosigkeit
zerstört.

Sechs Jahre vor Weizsäckers Forderung warnte der Club
of Rome eindringlich vor den „Grenzen des Wachstums".
40 Jahre später wiederholt er mit sehr viel besser recherchier-
baren Daten seinen Weckruf in der Schrift „2052". Er bilanziert,
dass weite Teile der Industrie ihre Gewinne nur noch durch die
nicht in Rechnung gestellten Faktoren, Verbrauch und Zerstö-
rung der Umwelt, erreichen könnten. Die Erderwärmung von

2 Grad bereits bis 2052 könne einen sich selbst verstärkenden Klimawandel noch in diesem Jahrhundert auslösen. Mittelfristig drohe ein Umweltkollaps, auch wenn die Weltbevölkerung bei 8,1 Milliarden ab 2040 stagniere. Prognosen bergen Unsicherheit, doch sind die Trends ziemlich eindeutig.

Das muss in der Öffentlichkeit nicht als Katastrophenjournalismus, der erst aufregt und dann abstumpft, artikuliert werden. Für die Medien heißt das nichts anderes, als die Wertigkeiten erkennen und gewichten. Deshalb brauchen Journalisten in dieser Reihenfolge drei Dinge: Wissen, Problembewusstsein und Handwerk. Dabei muss ein kräftiger Schuss Ethik ins Problembewusstsein geflossen sein. Darauf ist auch jedes Ausbildungskonzept abzuklopfen.

Gefahren erkennen und benennen

Denn wir haben es in der Geschichte immer wieder anders erlebt: So haben die Medien am Ende der Weimarer Republik gründlich versagt und sich trotz der klar etwa aus Hitlers „Mein Kampf" erkennbaren Gefahren opportunistisch verhalten. Es waren Außenseiter wie ihr aus den „Münchner Neueste Nachrichten" (seit 1945: „Süddeutsche Zeitung – Münchner Neueste Nachrichten …") hinaus gedrängter Chefredakteur, der mit seiner 1932 gegründeten christlich orientierten Widerstandszeitung „Der Gerade Weg" mit Pater Ingbert Naab ebenso analytisch wie deutlich aufzeigte, was auf Deutschland, die Juden und die Welt zukommen wird: Fritz Gerlich. Am 30. Juni 1934 wurde er in Dachau ermordet (vgl. Johannes Steiner, Hrsg., Gerlich-Naab: „Prophetien wider das Dritte Reich", München, 1946).

Gefahren, ob groß oder klein, kommen in wechselnden Kleidern daher. Achtsamkeit und Courage muss von Journalisten mehr denn je erwartet werden können – wenn in Russland oder China, in Syrien oder der Türkei, dann doch wohl erst recht in Deutschland. Für die nächsten Generationen geht es um deren Lebensgrundlagen und die Berichterstattung heute.

Auf einen anderen Paradigmenwechsel, denjenigen, wie die Welt mit ihrem Wissen umgeht und von der Wissenschaft betrachtet wird, geht die Schlussbeobachtung ein.

9.6   Journalismus als Navigation
und die gespaltene Wissenschaft

Netzwissen als
Unterbewusst-
sein der Welt

Globale Vernetzung schafft Unberechenbarkeit und Unsicher-
heit, obwohl und weil die digitalisierten Informationen über-
fließen und dabei virtuell eine stets neue Realität erzeugen. Der
Journalist als Gatekeeper, als Schleusenwärter für den steuern-
den Zufluss der relevanten Informationen, wie ihn noch Kurt
Lewin und David M. White in den USA in den 40er und 50er
Jahren beschreiben, hat ausgedient. Die Gesellschaft braucht
Navigatoren auf dem tosenden Ozean der Informationen.

9.6.1

Individuum
oder Team?

Journalistische Meisterleistungen sind meist Werke einzelner
oder aber kleinster Teams, die menschlich kreativ harmonieren.
Bei der Ausdifferenzierung wissenschaftlicher Erkenntnisse,
vor allem in den Natur- und Technikwissenschaften, wird es
mehr und mehr auf Kooperation von Spezialisten ankommen –
interdisziplinär wie interredaktionell. Forschungszentren nutzen ganz selbstverständlich sich ergänzende Herangehensweisen, und in Initiativen wie etwa des Club of Rome braucht es
Physiker, Klimaexperten, Demographen, Migrationsforscher,
Ökonomen ... und Internationalität.

Dies gilt im Grundsatz auch für journalistische Analyse
einer immer komplizierter vernetzten Welt. Komplexität verlangt nach einem repräsentativ verkürzenden Überblick, nicht
eine ideologische Vereinfachung. Qualitätsjournalismus muss
dieser Notwendigkeit gerecht werden, je komplizierter in der
Sache und nach der Interessenlage, desto mehr.

Kooperation und Flexibilität wird von Journalisten gefordert werden auch im Blick auf die sich aufsplittenden Möglichkeiten digitaler Vermittlung (T), die je nach Nutzerzielgruppen
und entsprechenden Angeboten für diese (P) auf jeweils angepasste Weise strukturell zu handhaben (O)sind. Das hat bis in

die Ausbildungskonzepte hineinzureichen, wonach auch „Print" in Bildern denken muss.

Die Weisheit der Masse gilt als größtes Versprechen des Web und seiner kommerziellen Betreiber. Skeptisch hat der revolutionär gestimmte Friedrich Schiller schon Massenklugheit gesehen, „wo Mehrheit siegt, und Unverstand entscheidet." Nun ist es eine unendliche Menge an Bits und Bytes, die unseren Planeten in Kabeln und Satelliten überspannt, sozusagen als das schlummernde Weltunterbewußtsein. Damit sich dieses Chaos zu Bewusstsein und Weltwissen – von Weisheit nicht zu reden – strukturiert, gibt es nach Google, Wikipedia, Frage-Antwort-Seiten neuerdings ein Hybrid namens Quora, das zielsicheres Finden verspricht mit noch limitiertem Zugang. Das sind Rückkopplungen des Individuums ans kollektive Unterbewusstsein. Weisheit entsteht nur durch persönliches Verbinden von Neuem mit Wissen und Erfahrungen und Zulassen von Intuition. So kommt es auch zu den großen Entdeckungen. Vor der „Illumination" hat das Faktenwissen im Forscher bewusst und auch unbewusst gearbeitet, bis sich die zündende Idee einstellt, und sich das Wissen zu einer höheren Ebene der Erkenntnis formiert.

Es bleibt offen, ob sich das nun präsent schwirrende Wissen zu Oberflächlichkeit der Nutzer und flüchtigen Entscheidungen oder zu Verwirrung durch die *Schreispirale* (vgl. 4.7.) oder zu einer übergeordneten Schwarmintelligenz entwickelt, wie wir sie bei Fischen, Vögeln und Insekten in Augenblicken der Gefahr oder auch der Gestaltung eines sozialen Körpers beobachten.

**Schwarm-
dummheit
oder Schwarm-
weisheit?**

9.6.2

Wissenschaft im Fernsehen ist eine Domäne von Naturwissenschaft und Technik. Der Physiker Harald Lesch etwa transponiert diese fernsehwirksam mit seinen Sprachbildern ins reale Leben, ohne die Wirkungen auszublenden. Generell aber steckt

**Wissenschafts-
kulturen**

noch viel Dogmatik in der Vermittlung des naturwissenschaftlichen Mainstreams.

Das weite Feld der Geistes- und verwandter Wissenschaften
leidet mindestens seit Descartes an der Aufspaltung von Natur
und Geist im Denken und Erkunden – in Forschung, Förderung und nicht zuletzt in der öffentlichen Präsentation und
Diskussion.

In dem vom Autor mitbegründeten Magazin „nano – die
Welt von morgen" in 3-sat als Kooperation von ZDF, vier ARD-
Anstalten, ORF und SFR, war eine Kraftanstrengung von Nöten,
dass dort neben den technischen Fortschritten auch das, was
die Welt von morgen prägt, nämlich Interessen, Bedürfnisse,
Hoffnungen, Migration, Ethnien, Demographie, Medien, Poli-
tik, Finanzsysteme, Menschenrechte, Religionen, … eben auch
Themen sind für die Welt von morgen.

im Urgrund
keine Sicher-
heiten

Die Begegnung mit Physiknobelpreisträger Gerd Binnig
darf in einer kleinen Exkursion eine Vision und eine Schwierigkeit der Fächerkulturen demonstrieren:

„Kreativität" war eines über die Physik hinausreichenden
Themen Binnigs. („Aus dem Nichts. Über die Kreativität von
Natur und Mensch", München, 1989, 1992). Binnig sieht die Pyramide der Evolution aufgebaut von unten nach oben mit der
Basis „Raum" und den Schichten „Materie", dann „Leben" darüber werde üblicherweise in der Spitze „Intelligenz" gesehen.
Binnig will diese Spitze aber offen lassen und mit einem Fra-
gezeichen über der Intelligenz auf die Offenheit der kreativen
Evolution aufmerksam machen. Er, der Atome mit seinem Ras-
tertunnelmikroskop sichtbar machen konnte, vertrat gegen
seine Physikerzunft in unserer Sendung die Auffassung, „man
schaut ins Kleine und noch Kleinere und man kommt an kein
Ende". Damit müssten wir von Materie eine ganz andere Vorstellung haben – ganz ähnlich übrigens der seines Fachkollegen Hans Peter Dürr, der über die Grenzen der Zunftmeinung
geht, heute die Existenz von Materie leugnet und lediglich eine
„Schwingungsfigur" anerkennen kann. Diese Sicht hat sein Lehrer und Kollege Heisenberg in der Quantenphysik vorbereitet,

ist aber (noch) eine Außenseiterposition. Diese Ahnung steckt
auch schon im „Panta rhei" von Heraklit, wonach nichts Be-
stand hat und alles (in) Bewegung ist. Dürr sieht, wie der weise
Menschenwissenschaftler, so nannte er sich, Norbert Elias, auch
nicht den Teil, sondern das Ganze im Schwingungszusammen-
hang. Elias: „Es gibt kein Außen oder Innen. Ist der Blick innen
oder außen? Und das Gehör, ist es außen oder innen?" im TV-
Gespräch mit dem Autor („Die Zeit, die unfassbare Dimension",
BR, 1989). Das entspricht wiederum der von Platon übermit-
telten Betrachtung der Welt durch Heraklit: Die Einheit in der
Vielheit und Vielheit in der Einheit sind der Raum des unauf-
hörlichen Fließens.

Das ist im Letzten und Grundsätzlichsten Kommunikation.

Binnigs Gedanken über Kreativität, den Urgrund von Materie und die fraktal aufgebaute Welt, die der Autor im Film und
im Gespräch umsetzte, haben diesen beeindruckt, nicht ganz so
seine Fachkollegen. Der Common Sense einer Science Community, die sich stets selbst bestätigt und damit fördert, macht es
Grenzdenkern schwer, weil nicht sein kann, was nicht sein darf.

Common Sense und Science Community

Die Fragen stellen sich dennoch dringlich, was Materie
eigentlich ist, und was die Evolution als Stufe über der Intelligenz bereit hält, eine künstliche Intelligenz oder eine kollektive
oder was immer? Die digitale Welt provoziert diese Frage mit
jedem Entwicklungsschritt. Wird sich das Internet vom Werk-
zeug zum „Lebensstil" der Masse, und werden sich die Individuen zum „Gemeinschaftswesen" formen, wie der kalifornische
Medienphilosoph Rheingold in den neunziger Jahren vermu-
tete? Die amerikanische Cyber Culture gewinnt diese Vorstellung auch aus dem Werk des großen Denkers Teilhard de
Chardin „Der Mensch im Kosmos" (geschrieben in China und
Frankreich 1940, publiziert München, 1959), wo dieser lange
vor dem world wide web die Entwicklung zu einer mentalen
Gemeinschaft beschreibt, die als „Noosphäre", als „denkende
Schicht" den ganzen Erdball überspannt, ohne dass sich die
Persönlichkeit darin auflöse. Heute staunen wir über die frühe
Vision eines kollektiven, planetarischen Gedächtnisses.

Doch: Zukunft bleibt offen – hält Karl Popper jeder Futuro-
logie ganz grundsätzlich entgegen.

Vermeintliche Gewissheiten und Grenz- gänger

Erfahrungen mit den Grenzen der Wissenschaftskulturen
machte der Autor u. a. auch bei der Präsentation des Mikro-
biologen Rupert Sheldrake und dessen Theorie von den „mor-
phogenetischen Feldern", einer in der Biologie stets präsenten,
aber eben noch nicht entschlüsselten Kommunikationsform,
die aus der Einzellzelle im Zusammenklang mit der Genetik
ganz bestimmte Organe und Organismen entstehen lässt, und
aus der Summierung individuellen Verhaltens, z. B. bei Vögeln,
Fischen und Insekten besonders auffällig, in bestimmten Situationen ein kollektives, ein Form prägendes Verhalten macht,
das auch in der Menschheit wirken könnte („Das Gedächtnis
der Natur"; München, Wien, Bern, 1990, 2008) – ein von der
Forschermehrheit abgelehnter Denkansatz, der jedoch langsam
mit der Erkenntnis der Hirnforschung zur Schwingungsüber-
tragung unter den Synapsen zu korrelieren beginnt, und auch
für unseren Betrachtungsgegenstand, die Kommunikation, interessantes Potential enthält.

Da fielen nach erfolgreicher Ausstrahlung eines soliden Bei-
trags bei einer Programmkonferenz in Zürich einige Wissen-
schaftsjournalisten der Sender, durchweg naturwissenschaft-
licher Provenienz, über das gewählte Thema und den Forscher
her, der über sein Fach hinaus denkt. Quantenphysiker wie
H.-P. Dürr, die das Vorhandensein von Materie leugnen, wie
eigentlich schon Max Planck, sind für diese Feldtheorie offen
und verbannen sie nicht in die Esoterik.

Revision der Moderne?

Die Wissenschaft in den Medien, vor allem im Fernsehen, hat
oft einen engen Tellerrand. Das vermeintlich Gesicherte gilt als
ausschließliches Dogma und wird so kommuniziert. Doch vermutlich steht dem scheinbar gesicherten Denken westlicher
Aufklärung ein Paradigmenwechsel bevor. Der Rationalis-
mus erweist sich deutlich als Partikularismus, denn das Ganze
kann der jedenfalls nicht erfassen. Seine unverkennbare Stärke
ist das Zerlegen, das Beobachten beim Sezieren. In dialekti-

schem Erkundungsdrang wird sich aber wohl die distanziertere Zusammenschau bei jeder Einzelbeobachtung als unerläss-
lich herausstellen. Wissenschaft braucht beide Ansätze, Analyse
und Synthese, und jede Recherche eigentlich auch.

Die griechische Mythologie, die den Weltgeist oder eine
Urgöttin Gaia als personifizierte Erde ansah, war möglicherweise auch der Nährboden einer Philosophie, die wie bei Aris-
toteles nicht unterschied zwischen Absicht und Instinkt und
noch keinen Ausdruck für die subjektive Vernunft kannte. Auf
diese verbale Unterscheidung weist die Wissenschaftshistorike-
rin Ana Teixeira Pinto hin, wo sie vom „Animal Spirit" spricht,
einem alles vernetzenden geistigen Zusammenhang. Felix Ste-
phan referiert (in SZ Nr. 67, Jg. 2012) Berliner Vorträge mit dem
Tenor, dass modernes wissenschaftliches Denken durchaus to-
talitären und auch kolonialistischen Haltungen entspringe,
denn das „Primitive" oder der „Animismus" sei nicht das Gegenteil der Moderne, sondern deren Erfindung. Das Verfließen
von Subjektivität und Objektivität haben wir bereits bei den für
die Kommunikation so relevanten Vorstellungen von Norbert
Elias beobachtet, der die scharfe Trennung von „außen" und
„innen" nicht anerkennen kann. (Vgl. zum Grundsätzlichen
auch 7.1.2.)

Warum kommen existentielle Fragen jenseits materieller   Dominanz
Lebensbewältigung im Massenmedium Fernsehen nicht voran?   der Abbilder

Zunächst: Das leichter Abbildbare hat den Vortritt im Ver-
drängungswettbewerb der Themen, und da sind nun einmal die
Labors, Maschinen und Teleskope faszinierend und auch film-
bar. Dann: das leichter Fassliche. Geist ist schwieriger in Bilder umzusetzen; er braucht geeignete Sinn-Bilder. Fragen ans
Ungesicherte sind ohnehin suspekt. Wie in der Forschung: Die
mainstream science community sammelt auch die Drittmit-
telgelder fast alleine ein und schöpft sie Wissenschaften weg,
die die Grundfragen stellen. Deshalb gebärden diese sich oft in
Zahlenkolonnen und Statistiken härter als sie es eigentlich sein
können. Denn vor den Zahlen am Ende steht immer noch die
sehr menschelnde Eingabe.

Generell spiegeln auch Zahlen Gültigkeit und Sicherheit vor:
je mehr Stellen hinter dem Komma stehen, umso überzeugen-
der. Davon abgesehen beschränken Positionen einer rein posi-
tivistischen Betrachtung bzw. eines sog. Szientismus die Forschung auf traditionell eingefahrene Methoden, die zwar eine
notwendige Grundlage hervorbringen, mit denen aber kreative
Sprünge kaum zu schaffen sind. Alle großen naturwissenschaftlichen Erkenntnissprünge sind Ergebnisse von Grenzdenkern,
die auf fester Wissensbasis den historischen Vergleich, die Intuition und auch die Dialektik des Paradoxen zulassen – das
Gegenteil also von Schwärmerei.

9.6.3

der „odysseische
Typ"

Forschung, gerade in Europa, ist zu sehr von den Erfolgshoff-
nungen von Auftraggebern, also von Entwicklung, inspiriert,
zu wenig an Grundlagen orientiert. Das kann im Anwendungs-
bereich durchaus zu tiefem Eindringen in Teilbereichen führen, zu notwendigen Erfolgen, die uns höchste Summen wert
sind. Da kommt die Grundlagenforschung mit ihren wichtigen Zufallsfunden und der Erkenntnis der Verknüpfungen zu
kurz. So gelten nach Geld und Geltung Spezialisten mehr als
Generalisten.

Für die Verbindung beider Typen hat Gell-Mann, wir erin-
nern uns (vgl. I.3.), ein „Finder" des Quark, den „odysseischen
Typ", als den er sich selbst sieht, geprägt. Dieser ergänze die
beiden Typisierungen von Nietzsche, nämlich die „apollini-
schen Menschen", bei Nietzsche die logischen Analytiker, und
die „dionysischen Menschen", die eher intuitivem und syntheti-
schem Denken zuneigen (a. a. O. S. 20). Wenn der Begriff passt,
dann wäre der odysseische Typ als Seefahrer Spezialist, der auf
seinem intuitiven Weg von Küste zu Küste Erfahrenes vernetzt.
Doch vor Irrfahrt ist er nicht gefeit.

Journalismus hat einen solch odysseischen Weg zu leisten.
Er muss sich ständig orientieren und auch korrigieren. Das

braucht Mut. So gerüstet darf er weder einknicken vor Hoch-
mut, der ihm aus Interessengruppen entgegentritt, noch darf
er sich vor diesen korrumpierbar verneigen. Denn Neugier ist
sein Antrieb, Suche sein Element, Analyse und Synthese sind
seine Instrumente, Artikulation ist seine Bestimmung. Dabei
muss er auch irren dürfen. Nur so ist der Journalismus das Le-
benselixier einer freien und entwicklungsfähigen Gesellschaft.

9.6.4

Auf die Vermittler kommen immer differenziertere und den-   Journalist sein
noch komplexere Aufgaben zu. Idealerweise verfahren sie in
ihrem Erkenntnisdrang prinzipiell nicht anders als die Forscher.
Es sind die Journalisten, die den Informationsschwarm, der unseren Planeten umschwirrt, filtern, ordnen und gewichten müssen, um damit letztlich alle möglichen Fragen der Menschheit
und besonders die Menschheitsfragen zu möglichen Antworten
oder Antwortgebern geleiten zu können. Ein Umsicht in ständiger Rückkopplung fordernder, ein wunderbarer Beruf.

Den künftigen Journalisten ist persönliche Souveränität aus
Wissen und Kompetenz als Voraussetzung innerer Unabhängigkeit zu wünschen, wache Sensibilität als Bedingung menschlichen Erfassens und künstlerischer Gestaltung und zudem das
Glück, beruflich erfüllt an einer aufgeweckten Gesellschaft teil-
haben und mitwirken zu können.

Medien

Beatrice Dernbach (Hrsg.)
Wissenschaftler in populären Massenmedien
Interviews mit prominenten Forschern
2011. ca. 224 S. Br. ca. EUR 24,95
ISBN 978-3-531-17853-0

Monika Elsler (Hrsg.)
Die Aneignung von Medienkultur
Medienprodukte, Medientechnologien, Medienakteure
2011. ca. 300 S. Br. ca. EUR 34,95
ISBN 978-3-531-17997-1

Andreas Hepp / Michael Brüggemann /
Katharina Kleinen-v.Königslöw /
Swantje Lingenberg / Johanna Möller
Politische Diskurskulturen in Europa
Die Mehrfachsegmentierung
europäischer Öffentlichkeit
2012. ca. 250 S. (Medien – Kultur –
Kommunikation) Br. ca. EUR 19,95
ISBN 978-3-531-17863-9

Friedrich Krotz / Andreas Hepp (Hrsg.)
Mediatisierte Welten
Beschreibungsansätze
und Forschungsfelder
2012. ca. 270 S. (Medien – Kultur –
Kommunikation) Br. ca. EUR 29,95
ISBN 978-3-531-18326-8

Sven Pagel
Bewegtbildkommunikation im Internet
2012. ca. 250 S. Br. ca. EUR 29,95
ISBN 978-3-531-17459-4

Mike Sandbothe
Wozu Medienphilosophie?
Pragmatistische Aufsätze 2000 bis 2010
2012. ca. 160 S. Br. ca. EUR 19,95
ISBN 978-3-531-17620-8

Jens Vogelgesang
Kommunikationswissenschaft studieren
2011. ca. 128 S. Br. ca. EUR 12,95
ISBN 978-3-531-18027-4

Erhältlich im Buchhandel oder beim Verlag.
Änderungen vorbehalten. Stand: Juli 2011.

Einfach bestellen:
SpringerDE-service@springer.com
tel +49 (0)6221 / 3 45 – 4301
springer-vs.de

Journalismus

The manufacturer's authorised representative in the EU is Springer
Nature Customer Service Centre GmbH, Europaplatz 3, 69115 Heidelberg,
Germany. If you have any concerns regarding our products, please
contact ProductSafety@springernature.com

Printed and bound by CPI Group (UK) Ltd, Croydon, CR0 4YY
23/04/2026
02095640-0001